Ullstein

ÜBER DAS BUCH:

Mittelständische Unternehmer sind es, die zum größten Teil den Erfolg der deutschen Wirtschaft möglich gemacht haben, mittelständische Unternehmer setzen ihre ganze Arbeitskraft ein und tragen das alleinige Betriebsrisiko. Wird dieser Einsatz inzwischen vom Staat honoriert? Gegenübergestellt werden die überproportional steigenden Lohnnebenkosten, Steuern und Sozialabgaben auf der einen Seite sowie die öffentliche Verschwendung und Aufblähung der Bürokratien auf der anderen Seite. Wie soll der Mittelstand, wie soll die deutsche Wirtschaft überleben, wenn diese Kluft nicht verringert, sondern aufgrund des schier unendlichen Kapitalbedarfs des Staates stetig vergrößert wird? Der Autor plädiert eindringlich für eine Abkehr von einer Politik, die dem Staat genau die Mittel entzieht, die zur Sicherung des sozialen Netzes nötig sind. Eine Schlankheitskur für den Staat ist gefordert, um für die Zukunft gerüstet zu sein.

DER AUTOR:

Günter Stammes, Jahrgang 1951, studierte von 1970 bis 1975 Betriebswirtschaftslehre an der Universität Würzburg, 1976 Gründung des Sinus-Verlages. 1987 bis 1989 Lehrauftrag an der Fachhochschule Niederrhein in Mönchengladbach für Marketing, seit 1990 Mitglied der MIT-Bundeskommission »Steuerpolitik«, seit 1992 Mitglied des Landesvorstandes der Mittelstandsvereinigung Nordrhein-Westfalen.

Günter Stammes

Die Ausbeutung des Mittelstandes

Eine tragende Säule der deutschen Wirtschaft stürzt

Ullstein

Wirtschaft
Ullstein Buch Nr. 35406
im Verlag Ullstein GmbH,
Frankfurt / M – Berlin

Ungekürzte Ausgabe
(auf der Grundlage der aktualisierten
2. Auflage 1993)

Umschlagentwurf:
Stefan Wolf
Unter Verwendung einer Abbildung
von Mauritius / Rawi

Printed in Germany 1994
Druck und Verarbeitung:
Clausen & Bosse, Leck
ISBN 3 548 35406 8

Juli 1994

Gedruckt auf alterungsbeständigem
Papier mit chlorfrei
gebleichtem Zellstoff

Die Deutsche Bibliothek –
CIP-Einheitsaufnahme

Stammes, Günter:
Die Ausbeutung des Mittelstandes:
eine tragende Säule der deutschen
Wirtschaft stürzt / Günter Stammes.
– Ungekürzte Ausg. (auf der
Grundlage der aktualisierten
2. Aufl. 1993). –
Frankfurt / M; Berlin: Ullstein, 1994
(Ullstein-Buch; Nr. 35406:
Wirtschaft)
ISBN 3-548-35406-8
NE: GT

Inhaltsverzeichnis

„Der Staatshaushalt muß ausgeglichen sein. Der Staatsschatz sollte wieder aufgefüllt werden. Die öffentlichen Schulden müssen verringert werden. Die Arroganz der Behörden muß gemäßigt und kontrolliert werden. Die Zahlungen an ausländische Regierungen müssen reduziert werden, wenn der Staat nicht bankrott gehen soll. Die Leute sollten wieder lernen zu arbeiten, statt auf öffentliche Rechnung zu leben."

(Cicero im Jahre 55 v. Chr.)

Vorwort

„Leistung muß sich wieder lohnen", so lautete ein Kernsatz der CDU/CSU/FDP-Koalition Ende 1982 kurz nach der Regierungsübernahme. Nachdem die sozialliberale Regierung (1969 bis 1982) kläglich gescheitert war, die mit Erfolg „die Grenzen der Belastbarkeit der deutschen Wirtschaft" ausprobiert hatte, ruhten die Hoffnungen auf dem neuen Koalitionsbündnis. Der Erwartungsdruck war gewaltig, denn es galt, die Wirtschaft wieder aus einer Rezession zu führen und Auswüchse eines überbordenen Wohlfahrtsstaates zu beseitigen. Inwieweit dies gelungen ist, wird in der vorliegenden Publikation untersucht.

Unternehmer sind es gewohnt, in bestimmten Abständen zu bilanzieren, die Ergebnisse dieses Zahlenwerkes zu analysieren, um dann für die Zukunft die entsprechenden Maßnahmen zu ergreifen. Die zehnjährige Kanzlerschaft Helmut Kohls (Oktober 1982 bis Oktober 1992) nimmt der Verfasser zum Anlaß, eine „politische Bilanz" aufzustellen. Bewertet werden vornehmlich Tatbestände aus den Bereichen der Wirtschafts-, Finanz-, Steuer- und Sozialpolitik unter dem Blickwinkel des Mittelstandes.

Unter Mittelstand sollen im folgenden sowohl die alten als auch die neuen Mittelschichten verstanden werden. Die traditionelle Hauptgruppe der Mittelschichten stellt der selbständige Mittelstand dar. Er besteht aus Unternehmern, die im wesentlichen auch Eigentümer der von ihnen geführten Betriebe sind. Dieser Eigentümer-Unternehmer setzt seine volle Arbeitskraft ein, trägt das alleinige Betriebsrisiko und haftet mit seinem privaten Vermögen. Zum neuen Mittelstand gehören insbesondere mittlere und leitende Angestellte aus Wirtschaft sowie Verwaltung, die an Entscheidungsprozessen teilnehmen und Verantwortung übernehmen. Die Angehörigen des neuen Mittelstandes sind leistungsorientiert, zwar formal (arbeitsrechtlich) unselbständig, aber sie denken und handeln selbständig. Somit wird der Übergang vom alten zum neuen Mittelstand fließend.

„Die Ausbeutung des Mittelstandes", so der provozierende Titel dieser Abhandlung, trifft zwar alle Mittelschichten der deutschen Gesellschaft, aber mittelständische Betriebe in noch stärkerem Maße. Anhand verschiedener Themenbereiche soll untersucht werden, ob beziehungsweise inwieweit sich Leistung in unserer Wirtschaft wieder lohnt.

Das erste Hauptkapitel beschäftigt sich mit der Struktur unserer Wirtschaft und dem zunehmenden Gewicht des Sozialen in einer Marktwirtschaft. Ist der Sozialismus wirklich tot oder lebt er in den Hirnen mancher Politiker und in den Programmen einiger Parteien nicht doch weiter? Oder ist mit einem „Sozialismus durch die kalte Küche" zu rechnen, so der Vorsitzende des Wirtschaftsausschusses im Deutschen Bundestag, Friedhelm Ost, über einen Vorschlag des stellvertretenden DGB-Vorsitzenden Ulf Fink, eine „Strafsteuer" für deutsche Unternehmen einzuführen.

In den folgenden Kapiteln werden die öffentliche Verschwendung und der zunehmende staatliche Korridor gegeißelt. Während man in der Wirtschaft „lean production" praktiziert, blähen sich die öffentlichen Verwaltungen weiter auf. Wir brauchen eine Schlankheitskur für den Staat, um für die Zukunft gerüstet zu sein.

Von zentraler Bedeutung in diesem Buch sind die Abschnitte, die die Ausbeutung des Mittelstandes durch Steuern und Sozialabgaben zum Gegenstand haben. Es soll nicht bestritten werden, daß der Staat zur Abwicklung seiner hoheitlichen Aufgaben beträchtliche Finanzmittel benötigt. Insbesondere durch die Wiedervereinigung ist der Finanzbedarf erheblich gestiegen, um die „Errungenschaften des Sozialismus in der DDR" wieder zu sanieren. Energisch bestritten wird aber, daß die Vereinnahmung und Umverteilung nahezu der Hälfte des Bruttosozialproduktes unserer Volkswirtschaft durch staatliche Einrichtungen richtig ist. Der Fiskalsozialismus darf nicht über die Soziale Marktwirtschaft obsiegen.

Die Lohnnebenkosten (Personalzusatzkosten) haben sich für die Betriebe inzwischen regelrecht zu einem zweiten Lohn entwickelt. Es erübrigt sich beinahe schon, darauf hinzuweisen, daß Deutschland damit in der Welt eine Spitzenposition einnimmt. Diese Belastung wirkt sich auf die deutsche Wirtschaft und auch die Schaffung neuer Arbeitsplätze negativ aus, wie die jüngsten gestiegenen Arbeitslosenzahlen beweisen. Der Wirtschaftsstandort „Deutschland" wird wegen der hohen Lohnkosten von vielen Unternehmern als problematisch eingestuft. Zunehmend versuchen Betriebe auch, „auszuflaggen", indem sie ihre Produktion ins Ausland verlagern. Aus diesem Grunde ist es erst recht unverständlich, daß Arbeitsminister Norbert Blüm mit der Einführung der Pflegeversicherung unter dem Dach der gesetzlichen Sozialversicherung die Lohnnebenkosten noch weiter nach oben treibt. In dem entsprechenden Kapitel zur Pflegeversicherung wird deshalb auch dargelegt, warum die Pflegeversicherung im Umlageverfahren als eine der größten ordnungspolitischen Sünden der Bundesregierung seit 1982 zu bewerten ist.

Mancher Leser wird überrascht sein, wenn er die Kapitel Organisierte Kriminalität und Alltagskriminalität entdeckt. Bundesinnenminister Rudolf Seiters bezeichnet die Organisierte Kriminalität als ein Gefährdungspotential erster Ordnung, das zu einer Bedrohung für Staat und Gesellschaft werden könnte. Steht uns in Deutschland die Ausbeutung und verdeckte Manipulation der Wirtschaft durch die Mafia und andere Gruppierungen der Organisierten Kriminalität bevor? Firmenaufkäufe mit Hilfe von Drogengeldern, Schutzgelderpressung, gewerbsmäßige Hehlerei, Ladendiebstahl, Geld- und Wertzeichenfälschung, gehören nicht mehr ins Reich der Phantasie.

Was hat die Ausbeutung des Mittelstandes mit Europa, mit dem gemeinsamen europäischen Binnenmarkt zu tun? Auf den ersten Blick (vielleicht) nichts. Es verhält sich aber so, daß Großbetriebe, multinationale Konzerne mit ihren weit verzweigten Tochterunternehmen eher Vorteile aus dem EG-Binnenmarkt ziehen können als mittelständische Betriebe. Bisher assoziieren viele Bürger mit dem

Begriff „Europäische Gemeinschaft" überwiegend unerfreuliche Tatbestände. Statt an Freihandel und offene Grenzen denken sie an Butterberge und Milchseen, Reglementierungen, Verordnungen, Subventionsbetrug sowie Verschwendung. Zwar will und wird der Mittelstand die Herausforderungen des europäischen Binnenmarktes annehmen, doch Skepsis ist angezeigt.

Der Autor ist weder Wissenschaftler noch Journalist, sondern selbst mittelständischer Unternehmer. Er hat diese Streitschrift aus den Erfahrungen der Praxis geschrieben. Für Kritik und Anregungen ist der Verfasser dem Leser dankbar.

Günter Stammes

Maysweg 1a
4154 Tönisvorst 1,
im Oktober 1992

Vorwort zur zweiten Auflage

Das vorliegende Buch stieß auf große Resonanz, so daß die erste Auflage bereits nach einem halben Jahr vergriffen war. Den Autor erreichten zustimmende Kritik, Ergänzungen zu Themen, die in diesem Buch zu wenig Beachtung fanden, und auch einige neue Gedankenansätze. Einige Aspekte und Verbesserungsvorschläge konnten auch bereits in der zweiten Auflage eingearbeitet werden. Seit Erscheinen der ersten Auflage im Herbst 1992 hat sich bis zum Frühjahr 1993 nichts Grundlegendes zum Guten verändert. Im Gegenteil: Die Staatsschulden wachsen weiter, der staatliche Korridor wird immer größer (z. B. durch die Pflegeversicherung unter dem Dach der Sozialversicherung), die Steuern steigen, die Arbeitslosigkeit nimmt zu, der Geldwert der ehemals stabilen Deutschen Mark sinkt und die Wirtschaft befindet sich in einer Rezession. Um die Probleme der Zukunft meistern zu können, reicht keine Kurskorrektur mehr, vielmehr ist eine grundsätzliche Neubesinnung vonnöten.

Günter Stammes

47918 Tönisvorst,
im Mai 1993

Der Mittelstand im Spannungsfeld

Der Mittelstand – Klärung eines Begriffs

Zum Mittelstand zählen der „Gewerbliche Mittelstand", also die rund 1,9 Millionen kleinen und mittleren Unternehmen des Handwerks, in Handel und Industrie sowie im Dienstleistungssektor (denen „nur" etwa 1.000 Großunternehmen mit jeweils mehr als 1.000 Beschäftigten gegenüberstehen); die zunehmend wachsende Gruppe der Freien Berufe und der Leitenden Angestellten. Allein in deutschen Handwerksbetrieben werden mehr Mitarbeiter beschäftigt (3,9 Millionen) als in der gesamten Großindustrie (3,8 Millionen). Die wirtschaftliche, gesellschaftspolitische und arbeitsmarktpolitische Funktion und Bedeutung des Mittelstandes wird in den nachstehenden Tabellen (ausschließlich auf die alten Bundesländer bezogen) deutlich: [1]

Beschäftigte in Großbetrieben (ab 500)	5,7 Mio.
Beschäftigte in Klein- und Mittelbetrieben (1-499)	21,5 Mio.
davon in Betrieben mit einem Beschäftigten	0,7 Mio.
2 bis 9	6,1 Mio.
10 bis 19	2,8 Mio.
20 bis 99	6,0 Mio.
100 bis 499	5,9 Mio.

(Stand 1987)

Im Jahre 1987 gab es 380.000 selbständige Freiberufler; darunter
147.000 in Heilberufen,
103.000 in rechts-, wirtschafts- und steuerberatenden Berufen,
63.000 in technischen und naturwissenschaftlichen Berufen,
37.000 in künstlerischen und publizistischen Berufen,
30.000 in pädagogischen Berufen, Psychologen, Übersetzer und Dolmetscher.

In ausgewählten Handwerkszweigen waren Ende der achtziger Jahre beschäftigt:

Maurer	480.000
Gebäudereiniger	250.000
Kfz-Mechaniker	240.000

Fleischer	200.000
Tischler	190.000
Friseure/Friseusen	200.000
Maler	195.000
Bäcker	190.000
Elektroinstallateure	190.000
Schlosser	115.000
Gas- und Wasser-Installateure	105.000
Zentralheizungs- und Lüftungsbauer	95.000
Straßenbauer	90.000
Betonbauer	76.000
Zimmerer	65.000
Dachdecker	55.000
Maschinenbauer	55.000
Stukkateure	46.000
Fliesenleger	42.000
Konditoren	37.000

Zum Mittelstand zu gehören – das ist nicht von der Höhe des Umsatzes, des Gewinns, abhängig. Das ist vielmehr die Entscheidung für eine bestimmte Haltung, für eine bestimmte Lebens- und Arbeitsart: Verantwortung und Verantwortlichkeit, die Bereitschaft und Fähigkeit zu selbständigen (keinesfalls immer einsamen) Entscheidungen, die Bereitschaft und Fähigkeit, Risiken zu tragen und zu bewältigen.

Rolle und Bedeutung des Mittelstandes

Die Bedeutung eines gesunden, leistungsfähigen Mittelstandes wird durch diese Fakten bestätigt:

Der Mittelstand beschäftigt zwei Drittel aller Erwerbstätigen (68 %, ohne öffentlichen Dienst sogar rund 80 %); bildet über drei Viertel aller Jugendlichen aus (84 %); schafft die meisten neuen Arbeitsplätze, während Großunternehmen Arbeitsplätze abbauen: Betriebe mit weniger als 50 Beschäftigten haben in den letzten Jahren rund 1,7 Millionen neue Arbeitsplätze geschaffen. Betriebe mit mehr als 50 Beschäftigten haben dagegen rund 950.000 Arbeitsplätze verloren. Der Mittelstand erwirtschaftet fast die Hälfte des Bruttosozialprodukts (48 %); erzielt rund die Hälfte aller steuerbaren Umsätze (52 %); tätigt über zwei Fünftel aller Brutto-Investitionen (42 %) und erarbeitet die meisten Patente und Innovationen.[2]

Gesunder Mittelstand – Eine Säule der Sozialen Marktwirtschaft

Senator Elmar Pieroth MdA erinnerte in seinem Aufsatz „Der Mittelstand in Deutschland hat Zukunft" daran, daß die Soziale Marktwirtschaft die ordnungspolitische Antwort auf die Herausforderung der Grundwerte Freiheit, Gerechtigkeit und Solidarität sei. Auch sollte nicht außer acht gelassen werden, daß unsere Wirtschafts- und Gesellschaftsordnung auf dem im Mittelstand besonders ausgeprägten Wesenselement der Selbständigkeit beruhe; der Mittelstand sei somit das „Herzstück der Sozialen Marktwirtschaft". Nach Pieroth beschränke sich Selbständigkeit – hier bezogen auf den Bereich des Mittelstandes – nicht auf die Verwirklichung unternehmerischer Existenzen. Vielmehr beinhalte Selbständigkeit ebenso Eigeninitiative, Eigenverantwortung, persönlichen Einsatz sowie die Bereitschaft, „sich einzubringen" und „sich weiterzuentwickeln".

Doch kann der Mittelstand nur dann ein tragfähiger und feststehender unverzichtbarer Pfeiler der Sozialen Marktwirtschaft sein und bleiben, wenn die Grundlagen und das „Umfeld" sowie das wirtschafts- und gesellschaftspolitische Klima in Ordnung sind. Dann, wenn sich Leistung lohnt und für viele die Chance besteht, selbständige Existenzen zu gründen, zu erhalten und auszubauen. Dafür sei eine nachhaltige Verbesserung der wirtschaftlichen Rahmenbedingungen erforderlich, verlangt Pieroth und fügt hinzu, daß Mittelstandspolitik eine gesamtwirtschaftliche Wachstums- und Vollbeschäftigungspolitik ist und nichts mit Klientel-Politik zu tun hat. Doch „nur da, wo es freie Unternehmer gibt, gibt es auch politische Freiheit. So ist der Mittelstand nicht nur Garant für eine leistungsfähige Wirtschafts- und Sozialpolitik, sondern ebenso für die Umsetzung einer freiheitlichen Demokratie. Mittelstand ist über die Ökonomie hinaus eine philosophische Antwort auf humane Werte in der Industriegesellschaft." [3]

Typisch für den (Un)Geist, für die Aversion gegen Unternehmer, Mittelständler, gegen die Selbständigen, gegen die Freiberufler, ist der Bericht in der PDS-nahen sozialistischen Tageszeitung „Neues Deutschland" über einen mittelständischen Unternehmer in Thüringen. In einem unüberhörbar abschätzigen Ton berichtet das „Neue Deutschland", daß der fünfundsechzigjährige Erfurter Ölmühlenfabrikant und Vorsitzende der Thüringer CDU/CSU-Mittelstandsvereinigung ja eigentlich „in Rente" hatte gehen wollen, doch nun mache er „heute alles andere als kleine Fische. Der jährliche Umsatz beläuft sich auf 2,4 Millionen Mark". Wie furchtbar! Der mit 30 Tonnen Fertigung pro Woche einzige Ölproduzent in der ehemaligen „DDR" wurde 1972 enteignet bzw. „volkseigen". Der bisherige Inhaber „durfte", offenbar in Ermangelung eines Fachmanns, Betriebsleiter bleiben. „Sein Gehalt jedoch, so beklagte er, betrug gerade mal 1.200 (DDR-)Mark", schrieb das „Neue Deutschland" herablassend. Dann sticht die „Sozialistische Tageszeitung" kräftig zu und greint: „Nun kann Fischer endlich das nachholen, was ihm in der DDR verwehrt wurde. Er hortet die «Kohle» und prahlt ..." [4]

Auf der Jubiläums-Herbsttagung 1991 der Schweizerischen Management-Gesellschaft rief Ständerat Franz Muheim in seinem Referat auch einige, derzeit wohl „vergessene", zumindest verdrängte, Prinzipien freiheitlicher Sozialer Marktwirtschaft in Erinnerung. Muheim konstatierte, daß nach etwas mehr als einer Generation der Zusammenbruch der marxistisch-leninistischen Philosophie, der kommunistischen Ideologie, der machtpolitischen Terrorherrschaft und der wirtschaftlichen Staatsplanung sowie der Monopolherrschaft einer einzigen Partei im ehemals „kommunistischen Osten" perfekt sei. Nunmehr folge eine Phase, die von vielen als unbestrittener „Siegeszug der Marktwirtschaft" charakterisiert werde.

Diese Euphorie könne recht bald in Enttäuschung umschlagen, warnte der Referent. Die Marktwirtschaft werde sich nämlich nicht ohne unser Dazutun durchsetzen, denn ihr fehle die „immanente Überzeugungskraft"; Überzeugung müsse vielmehr vorab durch Fakten untermauert werden. Bei der Marktwirtschaft handele es sich auch nicht um ein einfaches Wirtschaftssystem, das als solches von vornherein Erfolg garantiere:

„Vielmehr ist harte menschliche Arbeit gefragt sowie Führungskraft, Menschenkunde, Fachwissen, gute Ausbildung usw. Eine marktwirtschaftliche Ordnung bedarf zudem der Fähigkeit und Bereitschaft zur Selbstverantwortung. Voraussetzung hierzu ist unter anderem die Gewährleistung von Freiräumen und die Anerkennung von ethischen Grundnormen. Innovation und Kreativität können nicht mit dem Einsatz von Geld erzwungen werden."

Muheim forderte, daß der Einzelmensch einer freien inneren Haltung bedürfe, um seinen spezifischen Teil als Unternehmensführer, Produzent, Konsument usw. beizutragen.

„Bürokratische Unfreiheit innerhalb der Betriebe und der öffentlichen Verwaltung, naiver Glaube an die Wirkkraft schriftlich niedergelegter Weisungen, an Organigramme und Funktionsbeschriebe usw. sind geradezu Voraussetzungen zum Mißerfolg der Marktwirtschaft. Wo nämlich bürokratische Unfreiheit besteht und wo sich endlose staatliche oder firmeninterne Vorschriften auftürmen, fehlt eine der wichtigsten Existenzbedingungen dieses Wirtschaftssystems, nämlich die schöpferische Freiheit." Gerade in mittelständischen Betrieben wird Erfolg sehr oft durch spontane Improvisation entwickelt.

Uneingeschränkt ist dem Schweizerischen Ständerat zuzustimmen, wenn er es als heutzutage selbstverständlich bezeichnet, daß die Marktwirtschaft durch soziale Komponenten zu ergänzen ist – ich betone: soziale und nicht sozialistische oder kryptosozialistische. Unmißverständlich ist die ergänzende Feststellung, daß letztlich die Unternehmensgewinne eine Voraussetzung darstellten, „um überhaupt ein tragfähiges Auffangnetz der Sozialpolitik zu schaffen und zu erhalten". [5]

Prof. Dr. Winfried Pinger MdB wies in einem Beitrag zur Diskussion des neuen Grundsatzprogramms der CDU auf die Bedeutung der Sozialen Marktwirtschaft als „dritten Weg" hin. Im Gegensatz zur zentralistischen Planwirtschaft des Sozialismus lasse sie die Freiheit für Selbstverantwortung und Selbstverwirklichung. Und im Gegensatz zur ungebundenen Marktwirtschaft im früheren Manchester-Kapitalismus beruhe sie auf dem Prinzip der Machtverteilung und der sozialen Gerechtigkeit.[6]

Die Frankfurter Allgemeine Zeitung kritisierte unter der Überschrift „Nebelwerfer" den brandenburgischen CDU-Vorsitzenden Ulf Fink, der am liebsten der deutschen Wirtschaft eine „Strafsteuer" aufbürden möchte. All das habe mit der marktwirtschaftlichen Programmatik der CDU nichts mehr zu tun, moniert die FAZ und stellt die Frage, ob die Union wirtschaftspolitisch eigentlich nichts Besseres zu bieten habe als „solche Nebelwerfer". Schließlich habe inkompetente und populistische Politik die Wirtschaft schon an den Rand einer Rezession geführt.[7]

„Neuer" Sozialismus versus Soziale Marktwirtschaft

In der vom Bund der Selbständigen/Deutscher Gewerbeverband e.V. herausgegebenen Zeitschrift „Der Selbständige" erschien im April 1992 ein bissiger Leserbrief. Nach einer berechtigt heftigen Attacke gegen den Vorsitzenden der Sozialausschüsse der CDU und stellvertretenden Vorsitzenden des DGB, Ulf Fink, wegen dessen Forderung, daß alle Unternehmer, die nicht in den neuen Bundesländern investieren, zwangsweise fünf Prozent vom Gewinn abführen sollten, empörte sich der Briefschreiber:

„Nachdem der Sozialismus im Eimer ist und ausgebeutete Arbeiter wenigstens in Westeuropa nicht mehr zu finden sind, drängt sich der Gedanke auf, daß der gewerbliche Mittelstand einen neuen Karl Marx braucht.

Hier hat sich nämlich ein Rollentausch ergeben: Politiker, die sich auch noch sozial nennen, beuten mittelständische Unternehmer aus?..."

Der ehemalige Regierungssprecher und jetzige Vorsitzende des Wirtschaftsausschusses des Deutschen Bundestages, Friedhelm Ost, bewertete Finks Vorschlag knallhart als „Sozialismus durch die kalte Küche". Ins Schwarze traf Ost mit der Diagnose, daß Fink und „auch andere Freunde" aus den CDU-Sozialausschüssen nicht einmal eine Gewinn- und Verlustrechnung, die Bilanz dann ohnehin schon nicht, lesen könnten. [8]

„Sozialismus durch die kalte Küche". Diese drastische Kritik des Friedhelm Ost führt unmittelbar zu einem Thema, vor dem nicht nur Politik- und Sozialwissenschaftler, Politiker und Publizisten, sondern auch die Wirtschaft insgesamt die Augen und Ohren nicht verschließen dürfen.

Ende der achtziger, Anfang der neunziger Jahre brachen staatlich organisierte Systeme des sogenannten „real existierenden Sozialismus" zusammen. Auch der SED-Staat und damit auch seine „Westarbeits"-Apparaturen krachten unter Zurücklassung riesiger, schwer zu beseitigender Trümmerberge zusammen. Doch die Erfolge kommunistischer „Westarbeit"; jahrzehntelang im freien Teil Deutschlands entwickelte ideologische Strukturen und Denkweisen, Irrtümer und Borniertheiten; geistig-politische-ideologische Kollaboration; auf Überzeugung oder Opportunismus gründende Affinitäten zum „real existierenden Sozialismus"; von den Kommunisten/Sozialisten genutzte, hin und wieder auch von ihnen hervorgerufene und in Gang gesetzte, oft auch materiell geförderte, theoretische und praktizierende Bewegungen zum Beispiel gegen die soziale Marktwirtschaft, gegen Maßnahmen des demokratischen Staatswesens zur Erhaltung der äußeren und inneren Sicherheit; gegen die, gelegentlich in die Nähe von Faschisten gerückten Konservativen oder überhaupt gegen alles und alle, die nicht Links und „progressiv" sind; sind erhalten geblieben. In den Köpfen vieler Menschen, in Politik und Publizistik, in Institutionen und Organisationen, Parteien und Gewerkschaften, in zahlreichen sogenannten „Initiativen" und antiimperialistischen, antikapitalistischen, antifaschistischen Bewegungen.

Neuer Sozialismus – Was ist das? Neu ist nicht der Inhalt des Sozialismus in all seinen nicht immer klar umrissenen und erkennbaren Spielarten. Neu, präziser: anders, sind Argumente, Propaganda und Phrasen und organisatorische Strukturen. Die staatliche Organisiertheit des Sozialismus ist weggefallen; und damit auch die politische Anleitung, die personelle und vor allem auch finanzielle Unterstützung sozialistischer, kryptosozialistischer, autonomer oder sonstwie linksextremistischer Bewegungen, Organisationen, bündnispolitischer Bewegungen. Viele Menschen und manche Initiativen und Organisationen, vor allem auch die, die in den letzten Jahren und Jahrzehnten den „real existierenden Sozialismus" verinnerlicht haben, werden es wohl erst einmal schwer haben, sich ohne geistig-ideologische Führung – oder Verführung – und manche materielle Hilfe zurechtzufinden. Doch die, die ihren Irrglauben an den Sieg des Sozialismus nicht verloren haben, werden auch neue Irrwege finden. Nach dem Zusammenbruch sozialistischer Terrorregime hat sich auch die Akzeptanz sozialistischer Vorstellungen, Ideen, Experimente verbessert. Denn nun ist die Abschreckung weggefallen. Nun läßt sich die propagandistische Phrase besser verkaufen: Der Sozialismus an und für sich ist gut. Seine Entartungen waren schlecht und schlimm.

Der „Neu-Alte" Sozialismus ist drauf und dran, auch in der Wirtschaftspolitik um sich zu greifen.

Dr. Otto Graf Lambsdorff erinnert in seiner Einführung zur Neuauflage des bereits Anfang der vierziger Jahre von dem Wirtschaftswissenschaftler Friedrich A. Hayek geschriebenen Buches „Der Weg zur Knechtschaft" mit einem überzeugenden Plädoyer für ein freies Unternehmertum, für freies unternehmerisches Handeln, an die Warnung Hayeks: „Verwirklichung des demokratischen Sozialismus vernichtet die Freiheit, auch die Freiheit, die der demokratische Sozialismus will." Das gilt für jede Art Sozialismus, in welcher Bekleidung er auch einherkommen und in welchen Parteien, Organisationen oder Gruppierungen er sich auch breit machen mag. Mit Unverständnis und Empörung der „Sozialisten in allen Parteien" (!) müsse rechnen, wer Hayeks Warnruf aufnehme und weitergebe, schreibt Graf Lambsdorff.[9]

Unter der Überschrift „Freiheit contra Gleichheit" gedachte der Vizepräsident des Bundes der Selbständigen/Deutscher Gewerbe-Verband, Hugo Kunzi, im Organ seiner Organisation des im März 1992 im Alter von fast 92 Jahren verstorbenen Nationalökonomen und Sozialphilosophen Friedrich A. Hayek und dessen – heutzutage höchst aktuellen – „Lehren". Der Autor erinnerte daran, daß Hayek bereits zum Ende des Zweiten Weltkrieges vor der „Wohlfahrtsdiktatur" warnte, und, daß er auf die Gefahr hinwies, die in der Gleichsetzung von Gleichmacherei und Gerechtigkeit liegt. Kunzi stimmt Hayeks Behauptung zu, daß die so vielbeschworene „soziale Gerechtigkeit" auch eine Umschreibung für Schmarotzertum der Faulen zu Lasten der Schaffenden sein könne.[10]

Diplom-Volkswirt Roland Baader warnt vor der tödlichen Illusion vom besiegten Sozialismus und analysiert beklemmend realistisch, daß der „alte Sozialismus" die Vergangenheit ausgebeutet und damit die Gegenwart zerstört habe. Der „neue Sozialismus" beute die Gegenwart aus und zerstöre somit die Zukunft. Baader begründet seine These mit der Feststellung, daß die „neuen Sozialisten" in den Parteien und Gewerkschaften angetreten seien, um Gewinne immer mehr zu dezimieren, zu diffamieren oder wegzusteuern, Investitionen immer reizloser und Kosten-Risiken immer abschreckender und unkalkulierbarer zu machen. Wenn die „neuen Sozialisten" die „Leistungsfähigkeit der Wirtschaft testen" wollen, dann, so warnt Baader, „testen" sie auch die Grenzen, an denen unser individuelles und unser gesamtwirtschaftliches Vermögen zu verfallen beginne und schließlich wertlos würde.[11]

Zur Verunglimpfung der Sozialen Marktwirtschaft ließen sich die alt-neuen Sozialisten von der SED-Nachfolgerin PDS eine neue „Wortwaffe", ein neues „Giftwort" einfallen: Marktradikalismus. In der sozialistischen Propaganda wird seitdem behauptet, der Marktradikalismus führe unaufhörlich zum „Abbau von Demokratie".

Wen eigentlich wundert es dann noch, daß der thüringische PDS-Landtagsabgeordnete Klaus Höpcke zur Erhöhung der Investitionen in „Ost-Industriearbeitsplätze" ein acht Forderungen umfassendes „Sparprogramm" präsentierte. In diesem Programm, das gewiß nicht allein auf dem Mist des PDS-Funktionärs gewachsen ist, wird unter anderem verlangt: Ein mehrjähriger Solidaritätszuschlag von 10 Prozent auf die Körperschafts- und Einkommensteuer ab einem Jahreseinkommen von 50.000 DM für Ledige und 100.000 für Verheiratete; eine Arbeitsmarktabgabe für Beamte und nicht sozialversicherungspflichtige „Besserverdienende" von 1,5 Prozent vom Bruttoeinkommen sowie die Pflicht zur Arbeitslosenversicherung für Selbständige und Freiberufler; volle Besteuerung von Zinseinkünften; Rücknahme der 1993 wirksam gewordenen Senkung der Vermögens- und Gewerbesteuer.

Doch auch von DGB-Gewerkschaften wurde im Frühjahr 1992 der Klassenkampf wieder angeheizt. Klassenkämpferisch-sozialistisches Gekeife ertönte. Im Kapitel „Gefahr durch Streiks" ist einiges davon nachzulesen.

Der CDU-Politiker Hansheinz Hauser, ehemaliger Vorsitzender des Diskussionskreises Mittelstand der CDU/CSU-Bundestagsfraktion verdeutlichte in seiner Rede auf dem 35. Bundeskongreß der Mittelstandsvereinigung der CDU/CSU im März 1990 in Bonn die Polemik und die überholten Feindbilder sowie das „einfache Weltbild" der DGB-Gewerkschaften, die sich offensichtlich nach dem Zusammenbruch des SED-Staates und anderer „sozialistischer" Staaten mit dem Scheitern der sozialistischen Ideologie schwer taten – und wohl heute noch schwer tun. Hauser nannte die notorischen Systemveränderer, wie sie etwa bei der DGB-Industriegewerkschaft Medien zu finden sind, aber auch die DGB-Industriegewerkschaft Metall als Beispiele für diejenigen, die sich nicht scheuen zu beklagen, daß Ende 1989 mit dem SED-Staat auch das sozialistische System, der „real existierende Sozialismus" zusammengebrochen ist. Die Soziale Marktwirtschaft wird von denselben Leuten und Institutionen diffamiert.

In derselben Rede warnte Hauser vor einer, allein von den DGB-Gewerkschaften verursachten Feindschaft zwischen Gewerkschaften und Unternehmern, Mittelständlern und all denen, die mit den Gewerkschaften verschiedener Meinung sind – wenn die DGB-Gewerkschaften und ihr nahestehende Gruppierungen und Publikationen weiterhin düstere Feindbilder aufbauen, bösartig polemisieren und diffamieren sowie die freiheitliche demokratische Soziale Marktwirtschaft attackieren. [12]

Bereits Mitte der siebziger Jahre konstatierte der streitbare Professor Wolfram Engels in seiner 1977 mit dem Ludwig-Erhard-Preis ausgezeichneten Streitschrift „Soziale Marktwirtschaft als politische Ökonomie", klipp und klar, daß es einen „Dritten Weg" zwischen Kapitalismus und Sozialismus nicht gibt. Der sogenannte „Dritte Weg" liege vielmehr in einer Weiterentwicklung der Sozialen Marktwirtschaft, und zwar im Ersatz von Bürokratie durch Markt. [13]

Wachstumshemmende Belastungen und andere Gefahren

Eine am Beginn der neunziger Jahre wieder höchst aktuelle Umfrage des Vereins Creditreform aus dem Jahre 1987 [14] zeigte bereits damals einen besorgniserregenden Entwicklungstrend „wachstumshemmender Belastungen der mittelständischen Unternehmen". Von 100 befragten Unternehmen klagten bereits damals über

Lohnnebenkosten	29 Prozent
Lohnniveau	23 Prozent
Steuern	16 Prozent
Arbeitszeitverkürzung	12 Prozent
Energie-Kosten	9 Prozent
Umweltauflagen	8 Prozent
Gebühren und Abgaben	3 Prozent

In der Debatte über den Jahreswirtschaftsbericht 1992 warnte der stellvertretende Vorsitzende der CDU/CSU-Bundestagsfraktion, Michael Glos, davor, uns auf den Lorbeeren der Vergangenheit auszuruhen und den (übereilten, realitätsfernen) Schluß zu ziehen, Deutschland bliebe auch in der Zukunft ein exzellenter Wirtschaftsstandort. Der CDU-Politiker ließ seine Warnung nicht unbegründet:

So sind 1991 die Lohnstückkosten um 5 ½ Prozent in die Höhe getrieben worden. Bei den Lohnzusatzkosten sind wir mit 85 Prozent des Direktentgeltes Weltmeister. Im internationalen Vergleich belasten die deutsche Wirtschaft hohe Energie- und Umweltkosten. Die Steuerbelastung der Unternehmen beträgt bei uns rund 65 Prozent und ist damit höher als in wichtigen Konkurrenzländern. Unsere Unternehmen müssen ungleich mehr Feier-, Urlaubs- und Krankheitstage bezahlen als ihre ausländischen Konkurrenten. Die deutschen Arbeitnehmer arbeiten etwa 1.500 Stunden pro Jahr im Vergleich zu 1.800 Stunden in Japan und 2.100 in den USA. Und: Es ist zu bezweifeln, daß wir unseren Wohlstand in Zukunft mit immer weniger Facharbeitern sichern können. 1991 überstieg erstmalig die Zahl der Studenten die Zahl der Auszubildenden. In Bayern zum Beispiel werden derzeit ebenso viele Architekten ausgebildet wie Maurer!

Glos wies zudem nachdrücklich darauf hin, daß wir in Deutschland angesichts des derzeitigen wirtschaftspolitischen Umfeldes in den nächsten Jahren keine „verteilbaren" Zuwächse mehr haben werden. Glos erinnerte an Ludwig Erhard, der deutlich gemacht hatte, daß sich der Lebensstandard eines Volkes nicht durch Division, sondern nur durch Multiplikation des Sozialproduktes vermehren ließe:

„Es ist ungleich sinnvoller, alle einer Volkswirtschaft zur Verfügung stehenden Energien auf die Mehrung des Ertrages der Volkswirtschaft zu richten, als sich in Kämpfen um die Verteilung des Ertrages zu zermürben und sich dadurch von dem allein fruchtbaren Weg der Steigerung des Sozialproduktes abdrängen zu lassen."[15]

Mehr „verteilt" kann nur werden, wenn mehr geleistet wird. Das bedeutet für die Wirtschaft – auch für mittelständische Unternehmen, Gewerbebetriebe und Freiberufler – mehr zu investieren – also: Gewinne zu machen. Das Institut der deutschen Wirtschaft machte diese Rechnung auf:[16]

Investitionen westdeutscher Unternehmen
in neue Anlagen und Maschinen
in Milliarden DM

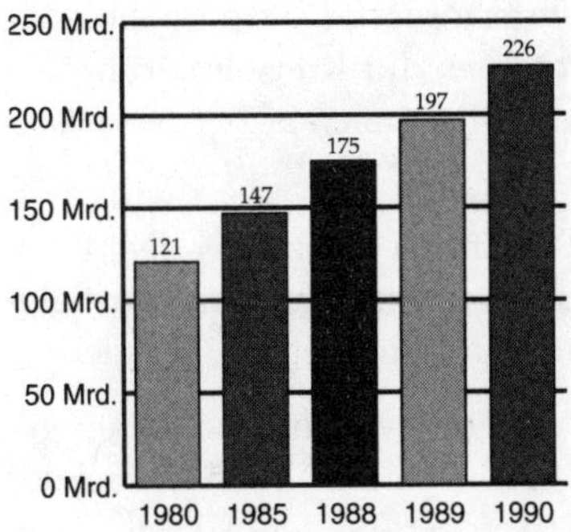

Arbeitsplätze in
Westdeutschland
in Millionen
(ohne Staat)

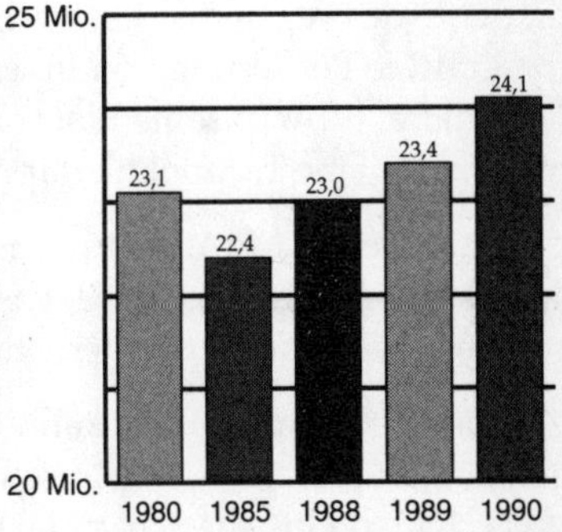

Wirtschaftspolitik, nicht zuletzt eine Substanz bewahrende und Entwicklung fördernde Mittelstandspolitik, muß also alles tun, um die Investitionsbereitschaft und -fähigkeit – aus eigenen Kräften, das heißt: aus eigenen Kapitaltöpfen – auch kleiner und mittlerer Betriebe und damit die Sicherung bestehender und die Schaffung neuer Arbeitsplätze zu fördern und zu erleichtern. In diesem Zusammenhang sollte nicht übersehen werden, daß zum Beispiel das Handwerk in den alten Bundesländern zwischen 1985 und 1993 folgende reale Umsatzveränderungen zu verzeichnen hat (in Prozent jeweils gegenüber dem Vorjahr):

1985: +2,7 %	1988: +4,0 %	1991: +6,0 %
1986: +2,5 %	1989: +3,5 %	1992: +3,0 %
1987: +2,2 %	1990: +7,0 %	1993: + 0,5 % (Prognose im April 1993)[17]

Der Zentralverband des Deutschen Handwerks (ZDH) ließ nach den Landtagswahlen in Baden-Württemberg und Schleswig-Holstein im Frühjahr 1992 ein unüberhörbares Alarmsignal ertönen, das in Wirtschaft und Mittelstand Zustimmung fand. Die beiden Wahlergebnisse zeigen nämlich nach Auffassung des ZDH eine wachsende Furcht der Bürger vor anwachsenden Asylantenströmen, vor wachsender Kriminalität und ausufernder Bürokratie. Dazu komme die Befürchtung, daß der Sozialstaat – der sich ja wohl inzwischen zu einem totalen „Anspruchs- und (Selbst-)Versorgungsstaat" entwickelt hat – nicht mehr bezahlbar ist. Der ZDH plädierte deswegen für eine wachstumsfördernde Steuerpolitik, für die kräftige Förderung von Investitionen, für Konsolidierung der Haushalte, für wirksame Reformen der sozialen Sicherungssysteme und für eine Tarifpolitik mit Augenmaß.[18]

Elmar Pieroth MdA, bis April 1993 Bundesvorsitzender der Mittelstandsvereinigung der CDU/CSU, sagte zur Erhaltung der Selbständigkeit eines freien Unternehmertums und von Freiberuflern:

„Die Wirtschaftspolitik kann Bedingungen für die Freiheit geben, kann Freiheit aber nicht schaffen... Für die Union ist Ziel der Wirtschaftspolitik die Schaffung und Sicherung der ökonomischen Bedingungen für einen optimalen Freiheitsspielraum der Person. Dieser Freiheitsspielraum kann optimal nur durch Selbständigkeit ausgefüllt werden, sofern die Rahmenbedingungen gewährleistet sind."[19]

Genau das ist der entscheidende Punkt: Die mittelständischen Unternehmer, die Gewerbetreibenden, die Freiberufler, kennen und akzeptieren die Risiken ihrer Selbständigkeit, ihrer eigenständigen und eigenverantwortlichen Arbeit; sie erwarten und verlangen keine staatlichen Förderungen, Gunsterweisungen und „Extrawürste", sondern die Schaffung und Sicherung der ökonomischen Bedingungen.

Bundeskanzler Helmut Kohl verkündete, daß das Beste, was wir für die Beschäftigung tun können, die Förderung von Eigeninitiative, Selbständigkeit und Unternehmungsgeist sei. Dazu benötigten wir einen starken Mittelstand: Handwerk, kleine und mittlere Unternehmen, Selbständige, Freie Berufe und Leitende Angestellte, die alle entscheidend zur Bewältigung der Herausforderungen an die deutsche Wirtschaft beitrügen.[20]

Gefahrenabwehr

Zur Sicherung der optimalen ökonomischen Bedingungen, und damit einer weiteren Entfaltung des Mittelstandes als einer der wesentlichsten Antriebskräfte der Sozialen Marktwirtschaft, hat die Mittelstandsvereinigung der CDU/CSU diese Forderungen erhoben:

Zügige Fortsetzung der Unternehmenssteuerreform

Dazu gehören: Begünstigung des nicht entnommenen Gewinnes; Abschaffung der Gewerbesteuer; Abschaffung der betrieblichen Vermögenssteuer.

Besserstellung der Altersversorgung für Selbständige

Erhöhung der Sonderausgaben für die Altersvorsorge bis zur Höhe des steuerfreien Arbeitgeberanteils bei der Renten- und Krankenversicherung; die Versorgungsanwartschaften der Selbständigen dürfen nicht mehr in die Konkursmasse fallen.

Verringerung der „kostenlose Dienste" für den Staat

Jeder Selbständige erbringt im Jahr Leistungen im Werte von rund 2.000,– DM pro Mitarbeiter „kostenlos" für den Staat: Für das Erstellen von Statistiken und Meldungen und für die Einziehung von Sozialabgaben und Steuern.

Keine weitere Arbeitszeitverkürzung

Von allen Industrieländern hat Deutschland die kürzeste Jahresarbeitszeit. Noch weitere Kürzungen steigern die Kosten und gefährden die internationale Wettbewerbsfähigkeit, ganz zu schweigen von der Exportfähigkeit deutscher Produkte.

Mehr Privatisierung

Es geht um mehr und zügigere Privatisierungen staatlicher und kommunaler Betriebe und Dienstleistungen. Denn: Mehr „Privat" bedeutet weniger „Staat" und ist wirtschaftlicher für alle Beteiligten.

Abbau des Vermittlungsmonopols
der Bundesanstalt für Arbeit und Bereinigung der Arbeitslosen-Statistik.

Pflegefallversicherung
im Kapitalsammelverfahren. Der Mittelstand sagt Ja zur Versicherungspflicht und Nein zur Regelung über die Sozialversicherung.

Konsequente Wettbewerbspolitik, die ausgewogene Marktstrukturen gewährleistet.

Zweifellos ist der Mittelstand eine der wichtigsten Antriebskräfte der Sozialen Marktwirtschaft. Doch was wird aus dieser Kraft, wenn die Soziale Marktwirtschaft „als solche" nicht nur ins Gerede, sondern ins Trudeln gekommen ist. Gunnar Sohn, wissenschaftlicher Mitarbeiter am Institut für Demoskopie Allensbach, warnte vor den Geistern, die meinen, bewährte Grundsätze einer marktwirtschaftlichen Ordnungspolitik mißachten zu können. Nach Sohn ist Soziale Marktwirtschaft nämlich kein Naturzustand, sondern vielmehr ein Ordnungssystem, dessen Prinzipien immer neu durchdacht werden müßten. Nicht übersehen werde sollte der warnende Hinweis Sohns auf den Niedergang des Sozialismus in den ehemals „sozialistischen" Ländern Mittel- und Osteuropas und in der auseinandergefallenen Sowjetunion, der sich noch zu einer unangenehmen Geschichte entwickeln könnte. Denn, so argumentiert Sohn, das Alternativmodell zur Marktwirtschaft konnte im Osten bislang sehr gut beurteilt werden, doch „nun sitzen die «Feinde» nur noch im eigenen Boot." Konsequenterweise forderte Sohn von Liberalen und Konservativen, sich der Frage zuzuwenden, wie man die Lücke auszufüllen habe, die nach dem politischen Offenbarungseid des Sozialismus entstanden ist. Doch gerade Konservative haben Schwierigkeiten im Umgang mit marktwirtschaftlicher Ordnungspolitik, klagt der Autor.[21]

Der Ministerpräsident des Freistaates Sachsen, Prof. Kurt Biedenkopf, als ehemaliger Anwalt ein vormals Freiberufler, machte anläßlich einer Mittelstandstagung in Dresden auf die herausragende Rolle und Verpflichtung des Mittelstandes für die Soziale Marktwirtschaft aufmerksam. Biedenkopf verwies auf die 40 Jahre sozialistischer Zentralplanung im SED-Staat, die zu einer Zerstörung der Selbständigkeit im gesamten Leben, auch in der Wirtschaft geführt haben. Nun werde gerade der Mittelstand gebraucht: Für den Aufbau des Landes, wie im Gesellschaftlichen.[22]

Vehement kritisierte der Bund der Selbständigen Anfang 1992 im Bundeswirtschaftsministerium, daß einerseits von Politikern immer wieder über die (tatsächlich) wachsende Bedeutung der mittelständischen Wirtschaft gesprochen werde, daß jedoch andererseits Maßnahmen, die der Hilfe zur Selbsthilfe dienten, auf dem „populistischen Altar des Subventionsabbaus" geopfert werden. Der Staatssekretär im Bundeswirtschaftsministerium, Klaus Beckmann, soll Verständnis für diese Kritik gezeigt und unterstrichen haben, daß die Innovationsfähigkeit und Flexibilität mittelständischer Unternehmen nicht behindert werden dürfe, weil nur diese Betriebe in der Lage seien, die lebenswichtigen Strukturen einer Sozialen Marktwirtschaft zu schaffen.[23]

Der Ex-Bundesminister für Wirtschaft, Jürgen W. Möllemann, zeichnete ein aussagekräftiges Bild des Mittelstandes, als er schrieb, daß berufliche Selbständigkeit menschliche Qualitäten erfordert und entwickelt, die nicht nur dem von einem selbständigen Unternehmer geleiteten Betrieb, sondern auch seinem Berufsstand, der ganzen Wirtschaft und schließlich der jeweiligen freiheitlichen Gesellschaft insgesamt zugute kommen. Für Möllemann bedeutet Selbständigkeit im Sinne von selbständig sein, noch mehr: „Wirtschaftliches Neuland zu betreten und sich zu engagieren; auf die eigene Leistungsfähigkeit und Kreativität zu setzen; Verantwortung zu übernehmen; Erfolg zu suchen und dabei das Risiko des Scheiterns auf sich zu nehmen." Mit diesem Verständnis von Selbständigkeit nannte es der ehemalige Bundeswirtschaftsminister als Aufgabe der Politik, „keine Barrieren in den Weg zu stellen, sondern für ein Umfeld zu sorgen, das die dynamischen Eigenschaften der Selbständigen voll zur Entfaltung kommen läßt".[24]

Die Glaubwürdigkeit von Politikern, die Glaubhaftigkeit von Politik und (wirtschafts)politischen Auslassungen, stehen auf dem Prüfstand. Die große Bedeutung des gewerblichen und freiberuflichen Mittelstandes in einer marktwirtschaftlichen Ordnung ist unbestritten. Trotz dieser Einsicht seien die Politiker und sei der Gesetzgeber noch immer weit davon entfernt, durch eine gezielte Mittelstandsförderung die Existenz einer Vielzahl kleiner und mittlerer Unternehmen zu ermöglichen und zu verbessern, kritisiert Hermann Osswald, Vorsitzender des BDS/DGV-Bundesfachausschusses Wirtschaftspolitik.[25]

Der Bund der Selbständigen/Deutscher Gewerbeverband e.V. stellt an den Beginn seines Grundsatzprogramms „Mittelstand 2000" die mit einer Fülle von Fakten belegbare Feststellung: „Die Soziale Marktwirtschaft hat sich als optimale Verbindung von freiem Unternehmertum und sozialer Absicherung bewährt."[26] Als entscheidende Voraussetzung für das Funktionieren dieser Sozialen Marktwirtschaft wird sodann ein ausgewogenes Nebeneinander von Groß-, Mittel- und Kleinbetrieben genannt. Doch das Funktionieren, die wirtschafts- und gesellschaftspolitisch gewünschten Erfolgschancen des Mittelstandes insgesamt, der kleinen und mittleren Unternehmen im besonderen, sind in die Gefahrenzone geraten. Durch übermäßige und ungerechtfertigte Ausdehnung der sozialen Komponenten und durch überzogene gesetzliche Reglementierungen. Durch steigende Steuern und Sozialabgaben; einer an Großunternehmen ausgerichteten Subventionspolitik; sowie starken Konzentrations- und Monopolisierungstendenzen. Gefahr droht auch durch die wachsende Bürokratisierung der Wirtschaft durch eine Gesetzes- und Verordnungsflut.[27] Kritisch wird vom BDS/DGV im zitierten Grundsatzprogramm vermerkt, daß insbesondere von den Gewerkschaften ein Bild des mittelständischen Unternehmers als Ausbeuter gezeichnet wird, das zu einer öffentlichen Diskreditierung des Unternehmers – ich füge hinzu: auch selbständiger Handwerker, Gewerbetreibender, Freiberufler – geführt hat.

„Leistungsbereitschaft und Risikobewußtsein als Kennzeichen des Lebensziels Selbständigkeit wurden aus der gesellschaftspolitischen Ziel- und Werteskala verdrängt," wird in dem Mittelstandsprogramm des BDS/DGV zu Recht beklagt. Der Klage folgt eine herausfordernd harte, durchweg realistische „Lagebeurteilung": An die Stelle von Leistungsbereitschaft und Risikobewußtsein ist „Anspruchs- und Versorgungsdenken getreten, die einer Beschäftigung im Beamtenstatus höchsten Wert beimaßen, wobei die Tatsache, daß Risiko und Leistungserstellung Voraussetzung für Anspruch und Versorgung sind, mehr und mehr in Vergessenheit geriet"[28].

Die Mittelstandsvereinigung der CDU/CSU zählt zu den fünf wichtigsten Funktionen des Mittelstandes in einer freiheitlichen Wirtschafts- und Gesellschaftsordnung:

1. Gesellschaftliche Ordnungsfunktionen

Die Selbständigen gewährleisten am meisten den für jede freie Gesellschaft notwendigen Gruppenpluralismus. Je mehr Selbständigkeit in einer Gesellschaft für viele möglich ist, desto größer ist auch die Chance der individuellen Selbstverwirklichung.

2. Regionale Ordnungsfunktion

Die Vermeidung größerer regionaler Wohlstandsunterschiede setzt eine entsprechend ausgewogene Infrastruktur in Verbindung mit einem möglichst breitgefächerten Dienstleistungs- und Verkehrsangebot voraus. Dies kann nicht allein von Großunternehmungen, sondern in erster Linie von Klein- und Mittelunternehmungen gewährleistet werden.

3. Bildungs- und technologische Funktionen

Nach Aussagen aller relevanten Kräfte (Arbeitgeberverbände, Politik, Gewerkschaften, Arbeitsämter) gilt die mittelständische Wirtschaft als weit ausbildungsfreudiger als die anderen Unternehmungsgruppen. Kleine und mittlere Unternehmungen sind häufig „Brutstätten" von Forschungsleistungen, die keinen hohen Aufwand erfordern und gleichwohl bahnbrechend sein können. Bedeutsam ist auch die Rolle leistungsfähiger mittelständischer Unternehmen für die Adaption neuer Technologien.

4. Wettbewerbs- und Bedarfsfunktion

Ein marktwirtschaftliches System ist neben dem privaten Eigentum vor allem auf den Wettbewerb gegründet. Ein intensiver Wettbewerb der Produzenten und Nachfrager ist umso eher gesichert, je mehr eine breite Schicht von anbietenden und nachfragenden Unternehmen existiert und je weniger die Märkte durch Angebots- oder Nachfragemonopole geprägt sind.

5. Beschäftigungs- und konjunkturpolitische Funktion

Mittelständische Unternehmen haben sich bislang noch immer auch konjunkturpolitisch als anpassungsfähiger erwiesen als Konzerne. Die zumeist größere Betriebsverbundenheit der Beschäftigten in mittelständischen Unternehmen verhindert nachweisbar eine größere beschäftigungspolitische Fluktuation. Das Zusammenwirken von Großbetrieben mit einer Vielzahl von kleineren und mittleren Unternehmen sichert am ehesten eine ausgewogene Wirtschafts- und Gesellschaftsstruktur. [29]

Anfang 1992 bekundete der Parlamentskreis Mittelstand der CDU/CSU-Bundestagsfraktion (PKM) wieder einmal mit auf Fakten begründeter Nüchternheit seine Sorge über die ökonomische Basis unserer Gesellschaft und bekräftigte seine dringendsten Forderungen, die deutsche Wirtschaft für die ihr gestellten Aufgaben fit zu halten durch:

- Entlastung bei Steuern,
- Entlastung bei Personalzusatzkosten,
- Augenmaß beim Umweltschutz,
- Stopp für weitere Leistungsgesetze.

Noch sei Deutschland ein Wirtschaftsstandort von hoher Qualität. Um diese Qualität zu sichern und möglichst zu verbessern, ist ein waches Auge für Alarmsignale und permanente Anpassungsbereitschaft an neue Herausforderungen unverzichtbar, verlangt der PKM in der Einleitung einer zwanzigseitigen, teilweise tatsächlich alarmierenden Sammlung von Statistiken und anderen Belegen. Danach zeigt das Wachstum des Bruttosozialprodukts nach neun Jahren Aufschwung wieder Zeichen der Schwäche. Der öffentliche Sektor hat sich wieder ausgeweitet (PKM: Die Sondersituation der Deutschen Einheit rechtfertigt diese Entwicklung nur vorübergehend. Einhalt und Umkehr sind dringend geboten!).

Die Netto-Umsatzrendite der Unternehmen hat sich seit 1982 kontinuierlich verbessert, aber die Rentabilität der 60er und 70er Jahre ist noch nicht wieder erreicht. Die Eigenkapitalquote der Unternehmen ist wieder auf den Stand Anfang der 80er Jahre gesunken. Die Gewinn-Erlös-Relation, also der Anteil der Unternehmensgewinne an den Erlösen, war in den 70er Jahren stark zurückgegangen und ist nach langsamer Erholung in den 80er Jahren im Jahr 1991 wieder gesunken. Der Körperschaftssteuersatz in der Bundesrepublik Deutschland (50 %) liegt im internationalen Vergleich an der Spitze. Die Gesamtbesteuerung der Unternehmensgewinne ist in Deutschland mit Abstand am höchsten (66 %). Selbst über viele Jahre sozialistisch regierte Länder liegen niedriger. Die Arbeitszeit deutscher Industriearbeiter ist im internationalen Vergleich die kürzeste. Die Personalzusatzkosten haben sich zu einem „zweiten Lohn" entwickelt und belasten vor allem den in der Regel personalintensiven Mittelstand. Hohe Arbeitskosten werden nur zum Teil durch hohe Produktivität kompensiert. Die Lohnstückkosten im verarbeitenden Gewerbe in Deutschland (alte Bundesländer) nehmen international eine Spitzenstellung ein.

Wider die Sozialdemokratisierung der CDU

Der CDU-Bundestagsabgeordnete Heinrich Lummer warnte im Frühjahr 1991 eindringlich vor einer „Sozialdemokratisierung" seiner Partei, die, um den Herausforderungen der neunziger Jahre begegnen zu können, sich endlich wieder auf wesentliche Essentials rückzubesinnen habe. Der streitbare CDU-Politiker zählt dazu insbesondere das konsequente Eintreten für die Soziale Marktwirtschaft, die Wiedererlangung außenpolitischer Kompetenz, das Eintreten für einen aufgeklärten Patriotismus mit europäischer Ausprägung unter Einbeziehung des Wertkonservatismus und das Eintreten für die Wahrung der inneren Sicherheit. Besonders bemerkenswert ist die Tatsache, daß Lummer nach dieser Aufzählung noch einmal nachdrücklich als „besonderen Stellenwert" das wirtschaftspolitische Profil der Union hervorkehrt. In diesem Zusammenhang sieht es der CDU-Politiker kommen, daß die Verteilungskämpfe um die Gelder der öffentlichen Hand immer härter werden, denn es wird nicht mehr so viel fließen können wie bisher; und, daß neue sozialpolitische Umverteilungen zunehmend unverantwortlich werden. Überdies müsse die Wettbewerbsfähigkeit der deutschen Wirtschaft im EG-Binnenmarkt gesichert werden.[30]

Soziologie des Neids

Es ist gewiß ein lohnendes Unterfangen, hin und wieder Helmut Schoecks Soziologie des Neids aus dem Bücherregal zu holen und darin zu lesen. So manche politische oder publizistische Attacke, in „Talkshows", Fernsehmagazinen oder anderswo, zumeist süffisant artikulierter Sozialneid gegen die Unternehmer, gegen die Selbständigen, werden in Schoecks Buch erklärt.[31]

Ein mir bekannter freiberuflicher Publizist erzählte mir, wie er hin und wieder „freundlich angepöbelt" wird, wie gut er es doch hätte, nicht zu festen Zeiten ins Büro gehen zu müssen, sondern stattdessen im Café sitzen zu können, gelegentlich ein Manuskript zu schreiben und hin und wieder mal bei der Bank vorbeizuschauen und die „dicken" Honorare vom Konto abzuheben.

Der Soziologe Helmut Schoeck stellte Ende der achtziger Jahre demonstrativ die Frage „Ist Leistung unanständig?". In seinem bemerkenswerten gleichnamigen Buch weist der streitbare Professor fundiert auf die Tatsache hin, daß das Stichwort „Leistung" immer wieder bei vielen Menschen Berührungsängste und Abscheu bewirkt. Hieb- und stichfest setzt sich Schoeck mit der Ideologie der

Leistungsverweigerer und Leistungsverminderer, also mit jenen „wehleidigen Aufrechnern" auseinander, denen jedwedes Erfolgsgefühl eine Sünde wider die Gleichheit darstellt.[32]

Prof. Dr. Clemens-August Andreae (Universität Innsbruck) vertrat in einem Ende der siebziger Jahre erschienenen Aufsatz mit dem Titel „Nur so kann die Wirtschaft gesunden – Wieder solide werden!", die Auffassung, daß Stabilität und Leistung eng miteinander verknüpfte Begriffe sind. Leistungsorientierung könne und dürfe auch bei wachsendem Wohlstand nicht bedeuten, in Zukunft noch weniger arbeiten zu wollen.[33]

Notwendiger Konsens zwischen Politik und Wirtschaft

In dieser Schrift soll beileibe kein Wehklagen angehoben und kein Untergangsszenarium gezeigt werden. Auch bilden sich wohl die meisten Mittelständler nicht ein, die einzigen oder fast die einzigen Opfer von mannigfaltiger Ausbeutung und Ausplünderung, staatlich-bürokratischem Zentralismus und ebensolcher Wirtschaftslenkung, und einer selbst in konservativen Kreisen stetig um sich greifenden „verkürzten und gefährlichen Sichtweise", zu sein, als ob die Wirtschaft vor allem die Basis für den „allseits gewünschten sozialen Umverteilungsprozeß"[34] biete. Oder die einzigen Opfer offener und verborgener Beeinträchtigungen sowie eines stetig ausufernden Anspruchsdenkens des Staates, von Gewerkschaften, Interessenverbänden und vieler Bürger zu sein. Gerade auch Unternehmer, Handwerker, Gewerbetreibende, Freiberufler, leitende Angestellte, sind bereit, Privatinitiative zu entwickeln, Risiken zu übernehmen und zu tragen. Gut und schön – nur müssen dann auch die wirtschaftspolitischen und politischen Prämissen stimmen. Das Fundament, auf dem die Säule Mittelstand steht, muß fest und bruchsicher sein. Die Rahmenbedingungen auch für den Mittelstand müssen in Ordnung sein oder in Ordnung gebracht werden, wenn der Mittelstand weiterhin die Säule der Marktwirtschaft und das „Herzstück unserer freiheitlichen und sozialen Wirtschafts- und Gesellschaftsordnung"[35] bleiben soll.

Es geht also darum, ein realistisches Bild der Situation zu zeichnen, in der sich der Mittelstand, spürbar schmerzempfindlicher und verletzlicher als große Unternehmen, befindet. Aus der Lagebeurteilung müssen schleunigst in der Wirtschafts- und Sozialpolitik, in der Politik insgesamt, die richtigen Schlüsse gezogen werden. Aber nicht in Sonntagsreden, Wahlkampfparolen und durch Streicheln und Schulterklopfen von Politikern jeglicher Couleur. Der Mittelstand erwartet und beansprucht keine bevorzugte Behandlung durch den Staat. Der Mittelstand fordert vielmehr eine weitgehende Abstinenz der Administration, staatlich-bürokratischer Eingriffe und Reglementierungen. „Begrenzung des öffentlichen Korridors auf das unbedingt Notwendige muß oberstes Gebot sein", schreibt der Vorsitzende der Arbeitsgemeinschaft Mittelstand der CSU, der Bundestagsabgeordnete Ernst Hinsken.[36]

Sozial-Partnerschaft – ein Begriff, der schnell zur gerade noch wohlklingenden, doch hohlen Phrase verkommen kann, wenn klassenkämpferische, gemeinwirtschaftliche, sozialistische und bürokratisch-administrative Theorien und Praktiken in Gewerkschaften, im staatlichen Bereich, in der öffentlichen oder in der veröffentlichten Meinung überhandnehmen. Die Unternehmer, die Mittelständler stehen durchweg fest auf dem Boden der freiheitlichen demokratischen Grundordnung. Sie bejahen den sozialen Rechtsstaat und seine Institutionen. Worauf es ankommt, ist die Erhaltung des Konsenses von Politik und Wirtschaft. Das jedoch ist nur möglich, „wenn auch die Politik bereit ist, den unternehmerischen Rat zu nutzen"[37], und die Wirtschaft insgesamt, den Mittelstand im besonderen, nicht als die „Kuh" betrachtet, die man bis zum „Geht-nicht-mehr" melken zu können glaubt.

Öffentliche Verschwendung

Vom Steuer- zum Staatsverdruß

„Juchhe, wir haben Geld", so überschrieb Bernhard Blohm seinen bitter-ironischen Kommentar in der Tageszeitung „Die Welt" über eine im Laufe der Jahre mehrfach wiederholte Feststellung des Bundesrechnungshofes, daß der Umgang der „öffentlichen Hand" mit Geld locker ist, weil es nicht das eigene ist. Der Kommentator gibt gewiß die Auffassung der Mehrheit der Steuerzahler wieder, wenn er meint: Öffentliche Gelder zu verschleudern ist kein Kavaliersdelikt, sondern ein Skandal, der an den Grundfesten unserer Gesellschaftsordnung rüttelt. Er führt über den Steuer- zum Staatsverdruß.[38]

Anlaß dieser publizistischen Philippika war ein Bericht des Rechnungsprüfungsausschusses des Deutschen Bundestages unter Vorsitz des CDU-Abgeordneten Karl Deres. Die Mitglieder dieses „Kontrollausschusses" wollen – oder präziser: müssen – künftig den Bundesministern und Bundesbehörden genauer auf die Finger bzw. auf die mit Steuergeldern wohlgefüllten Schatullen schauen.

Für das Verschleudern, für den sträflich schlampigen Umgang mit Steuergeldern gab der Ausschuß im Juni 1992 etliche durch den Bundesrechnungshof „ausgegrabene" Beispiele, die beim Steuerzahler nur blanken Zorn hervorrufen können:

Das Bundeswirtschaftsministerium überwies 30 Jahre lang Förderungsmittel für das Rheinisch-Westfälische Institut für Wirtschaftsforschung (RWI) auf ein „falsches" Konto. Auf diese Weise gingen die Subventionen nicht etwa an das Institut, sondern auf Privatkonten der RWI-Vorstandsmitglieder. Schaden für den Steuerzahler: Runde 2,5 Millionen DM. Doch damit ist der Skandal noch nicht zu Ende. 1988 nämlich schloß der damalige Bundeswirtschaftsminister Martin Bangemann einen höchst dubiosen „Vergleich": Die Vorstandsmitglieder, die den Millionen-Schaden verursacht hatten, mußten nur 50.000 – in Worten: Fünfzigtausend! – Mark zurückzahlen. Das Bundeswirtschaftsministerium „begründete" diesen mehr als faulen „Kompromiß" so: Ein Prozeß hätte dem Ansehen des renommierten Wirtschaftsinstituts geschadet!

Die Rechnungsprüfer des Deutschen Bundestages konterten: „Der kleine Mann, der etwas im Werte von wenigen Mark stiehlt, wird bestraft. Wer aber einen Schaden von 2,5 Millionen Mark verursacht, mit dem schließt das Wirtschaftsministerium einen Vergleich ab." Der 1992 amtierende Bundeswirtschaftsminister Jürgen Möllemann wurde vom Rechnungsprüfungsausschuß des Bundestages aufgefordert, unmittelbar nach Abschluß der staatsanwaltschaftlichen Ermittlungen über diesen gravierenden Mißgriff seines Hauses erneut zu berichten.

Einem Skandal „größten Umfangs" kamen die Rechnungsprüfer bei der Bundesbahndirektion in München auf die Spur. Diese Behörde hatte mit Grundstücks-Projektentwicklern Provisionen in Höhe von 50 – in Worten: Fünfzig! – Prozent des Zusatzgewinns vereinbart, obwohl maximal fünf Prozent als üblich und akzeptabel gelten.

Das Nationale Olympische Komitee (NOK) hat vom Bundesinnenministerium eine satte halbe Million Zuschüsse zuviel erhalten. Diese sollen nun von den „nächsten" Zuschüssen abgezogen werden.

Und keineswegs lustig ist die Sache mit dem nutzlos in der Landschaft herumstehenden Kontrollturm: Die Bundeswehr hatte in der Nähe von München einen Flugkontrollturm gebaut, ohne zugleich das erforderliche Flugsicherungsgerät einzubauen. „Begründung": Man wolle auf ein besonders effektives, zur damaligen Zeit überhaupt nicht erhältliches, Gerät warten. Den Steuerzahler kostet diese „weise" Entscheidung gute 15 Millionen Mark, denn der für diesen Betrag gebaute Kontrollturm steht seit Jahren ungenutzt herum.

Im Frühjahr 1992 wurde Journalisten bekannt, daß bei der Bundesdruckerei für 12 Millionen Mark Druckmaschinen angeschafft und eine komplette Bedienungsmannschaft eingestellt wurde... und das alles für ein Projekt, von dem bis zu diesem Zeitpunkt niemand wußte, ob es überhaupt jemals verwirklicht werden muß: Es gibt Pläne der EG-Bürokratie in Brüssel, künftig mit Hilfe besonderer Kontrolletiketten auf Weinflaschen zu überprüfen, ob die von der Bürokratie vorgeschriebenen Höchstmengen auf Flaschen abgezogenen Weines eingehalten werden. Im „vorauseilenden Gehorsam" verfügte die Bundesregierung die Anschaffung komplizierter Druckmaschinen für die Herstellung fälschungssicherer Weinflaschen-Etiketten, die nach Meinung von Journalisten eher einer „Klein-Aktie" oder einem „kleinen Geldschein" ähnlich sind, als einem Weinflaschen-Etikett. Auf die Frage eines Rundfunk-Reporters, was denn die gewiß auch nicht „billige" Bedienungsmannschaft den ganzen Tag bis zu einer endgültigen Entscheidung der EG-Bürokratie treibe, antwortete der Teamchef: „Wir üben für den Ernstfall". Warum auch nicht? Denn: „Juchhe, wir haben Geld."

Verschwendung von Steuergeldern, mit langfristigen nachteiligen Folgen für mittelständische Unternehmen, ist die jährliche Verteilung von Schulbüchern zum Nulltarif; auch an die Schüler, deren Eltern es sich durchaus leisten könnten, die Lehrbücher ihrer Sprößlinge zu bezahlen. Die Jugendlichen verfallen reihenweise in eine „Wegwerfmentalität" und behandeln die ihnen überlassenen Bücher in vielen Fällen nicht wie eigene, von den Eltern bezahlte ... nach dem Motto: „Juchhe, es kostet ja nichts." Die Bücher werden von den Schulbehörden kollektiv bestellt und dann an die Schüler verteilt. Viele Kinder und Jugendliche, von denen ohnehin bereits etliche „das Lesen" verlernt haben, werden, da sie ihre Schulbücher nicht mehr individuell in der Buchhandlung ihrer Wahl zu kaufen brauchen, werden auch nicht mehr in diese geführt; das Interesse an Literatur verkommt noch mehr.

Im Oktober 1991 zog der CDU-Landtagsabgeordnete Heinz Paus gegen den Sozialminister des Landes Nordrhein-Westfalen mit einer parlamentarischen Anfrage zu Felde, nachdem er auf eine geradezu unglaubliche Verschwendung von Steuergeldern gestoßen war. Ein fünfzehnjähriger Krimineller wurde einer „sonderpädagogischen" Behandlung unterzogen. Unter anderem mit Urlaubsaufenthalten (gemeinsam mit einem Betreuer) auf der Nordseeinsel Langeoog und mit einer als „Erlebnispädagogik" bezeichneten Reise nach Afrika. Nach seiner Rückkehr von dieser „erlebnispädagogischen" Tour wurde der Jungkriminelle in einem Appartement in Herford, mit Fernseher und Telefon ausgestattet, untergebracht. Miete, Sozialhilfe und weitere Zuwendungen kamen von der „öffentlichen Hand". Alles in allem kostete die „sonderpädagogische" Behandlung den Steuerzahler 39.163,41 DM. Sinnlos zum Fenster hinausgeworfenes Geld. Der Jungkriminelle beging weiter Straftaten, unter anderem mit Drogenhandel, und wurde schließlich vom Schöffengericht Lemgo zu vier Jahren Jugendstrafe verurteilt.[39]

Explodierende Ausgaben

Die Ausgaben des Bundes sind seit 1987 bis zum Jahre 1991 von 269 Milliarden Mark auf 401,8 Milliarden Mark gestiegen; das sind sage und schreibe 49,4 Prozent in fünf Jahren:

1987	269,0 Mrd. DM	Steigerung gegenüber dem Vorjahr	2,9 %
1988	275,4 Mrd. DM	Steigerung gegenüber dem Vorjahr	2,4 %
1989	289,8 Mrd. DM	Steigerung gegenüber dem Vorjahr	5,2 %
1990	380,2 Mrd. DM	Steigerung gegenüber dem Vorjahr	31,2 %
1991	401,8 Mrd. DM	Steigerung gegenüber dem Vorjahr	5,7 %
1992	426,0 Mrd. DM	Steigerung gegenüber dem Vorjahr	6,0 %

Nach Berechnungen des Instituts der deutschen Wirtschaft in Köln betrugen die Schuldenkonten allein des Bundes

1990 .... 542,2 Milliarden DM
1991 .... 594,2 Milliarden DM
1992 .... 639,5 Milliarden DM

Die Schuldenkonten der Länder weisen folgende Beträge aus:

1990 .... 328,5 Milliarden DM
1991 .... 355,0 Milliarden DM
1992 .... 388,5 Milliarden DM

Dazu kommen die Schuldenkonten der Gemeinden:

1990 .... 124,9 Milliarden DM
1991 .... 135,4 Milliarden DM
1992 .... 147,4 Milliarden DM

Aus den drei letzten Tabellen ergibt sich, daß die Verschuldung aller Gebietskörperschaften (Bund, Länder, Gemeinden) im Jahre 1992 1.175,4 Milliarden DM beträgt.

Diese horrende Verschuldung, der immense Zinsdienst (für Bund, Länder und Gemeinden im Jahre 1991 86,5 Milliarden DM) wird, da wirklich ernst zu nehmende und effektive Einsparungen im Bereich der öffentlichen Hände nicht zu erwarten sind, letztlich nur über Steuererhöhungen, mit Inflation und gar über eine verdeckte Währungsreform mit Einführung der europäischen Währung ECU „bezahlbar" sein.

Nach Verabschiedung des Haushalts 1993 durch das Bundeskabinett – Volumen 435,65 Milliarden DM, das sind 2,5 Prozent mehr als 1992 – sagte der haushaltspolitische Sprecher der SPD-Bundestagsfraktion, Helmut Wieczorek: „Die Bundesschulden werden ... weiterhin explodieren."[40]

Die aus dem Rahmen fallende Steigerung im Jahre 1990 in Höhe von 31,2 Prozent ist mit der Wiedervereinigung zweier Teile Deutschlands zu erklären. Andererseits darf und kann diese Wiedervereinigung kein „Schutzschild" sein, mit dem alle Verteuerungen im staatlichen Bereich sowie Steuer- und Abgabeerhöhungen „begründet" und kaschiert werden. Die Behauptung, die Wiederherstellung der Einheit Deutschlands koste viel Geld, ist sachlich falsch. Nicht die Einheit Deutschlands ist teuer, sondern die „Müllbeseitigung" nach dem Zusammenbruch des im SED-Staat organisierten „real existierenden" Sozialismus. Das heißt: Die Beseitigung der Trümmer, die der Sozialismus in allen Lebensbereichen Mitteldeutschlands hinterlassen hat, und nach der Müllentfernung der Wiederaufbau. Paul C. Martin schreibt in seinem aufsehenerregenden Buch „Zahlmeister Deutschland", wir müßten jetzt für die „DDR" und ihre Folgekosten aufkommen: „Da zahlen wir, daß wir schwarz werden."[41] An dieser Stelle muß auch die Frage nach der Wechselbeziehung gestellt werden: Wie soll die Wirtschaft in den neuen Bundesländern auf die Beine kommen, wenn die Wirtschaft in den alten Bundesländern, der Mittelstand insbesondere, immer stärker in die Bredouille gerät? Die Politiker in den alten Bundesländern hätten sehr genau wissen können und müssen, was im Falle einer Wiedervereinigung Deutschlands auf alle Deutschen in allen Lebensbereichen zukommt.

Doch die 1982 mit dem Versprechen „Jetzt kommt die große politische und geistige Wende" angetretene und seitdem amtierende Bundesregierung hat es unterlassen, zum Beispiel den von einer SPD/FDP-Regierung aufgelösten Forschungsbeirat für Fragen der Wiedervereinigung Deutschlands neu zu installieren, und das Bundesministerium für innerdeutsche Beziehungen wieder zu einem wirksamen Ministerium für gesamtdeutsche Fragen, zu einer planenden, forschenden Institution zur Beantwortung gesamtdeutscher Fragen und Lösung von Problemen der Wiedervereinigung Deutschlands zu machen.

Alles wird bezahlt – vom Steuerzahler

Paul C. Martin schreibt im Einstieg zu dem erwähnten Buch: „Wir leben in einer Zeit der Tollheit und Verblendung. Eine Tollheit lautet: alles sei von Deutschland finanzierbar. Nur her mit den Rechnungen – alles wird bezahlt."[42] Der Autor berichtet über die „deutsche Zahlsucht" und über das sich mit wachsender Geschwindigkeit drehende Schuldenkarussell. Die Politiker ficht es nicht an. Da wird kräftig weitergezahlt, hierhin und dorthin – na wenn schon, da gibt es ja den „Goldesel" Steuerzahler. Martin fragt: „Wie lange wird der steuergeplagte Bürger das wohl noch hinnehmen wollen?"

Mit den seit September 1990 gemachten Hilfszusagen für die ehemalige Sowjetunion zum Beispiel steht Deutschland an ganz einsamer Spitze:

Deutschland	73,1 Mrd. DM	Frankreich	3,5 Mrd. DM
Italien	9,5 Mrd. DM	Spanien	2,3 Mrd. DM
USA	7,3 Mrd. DM	Niederlande	0,9 Mrd. DM
Japan	4,0 Mrd. DM	Belgien	0,7 Mrd. DM
Kanada	3,9 Mrd. DM	Großbritannien	0,2 Mrd. DM

Kritik ist auch zu üben vor allem an der Art und Weise der sogenannten „Entwicklungshilfe". Diese ist prinzipiell zu bejahen, nur sollte gezielter – und damit effektiver – mehr Hilfe zur Selbsthilfe geleistet werden.

Und: Die Flut von Asylbewerbern steigt und steigt und spült eine Menge von Problemen in unser Land hinein: Ein wachsender Anteil von Asylbewerbern an der Kriminalität; wachsende Schwierigkeiten bei der Unterbringung und Versorgung; und vor allem stetig wachsende finanzielle Belastungen. Von nicht wenigen Asylbewerbern wird das dicht geknüpfte „soziale Netz", das ja von den Steuerzahlern finanziert wird, rigoros ausgebeutet. Wie viele „Asylbewerber" mögen zum Beispiel nach Fertigstellung eines teuren Zahnersatzes Deutschland verlassen haben? Auch ist es schon lange kein Geheimnis mehr, daß so mancher Asylbewerber, oft unter wechselnden Namen und an verschiedenen Orten, mehrfach Sozialhilfeleistungen empfängt und somit die deutschen Steuerzahler mehrfach ausnimmt.

In einem Brief an die Tageszeitung „Die Welt" gab ein erboster Leser gewiß die Meinung unzähliger Bürger wieder: „... angeblich sind die Kassen leer, eine Folge der öffentlichen Verschwendung, bestehend aus Überversorgung, Dauersubventionierung lebensuntüchtiger Wirtschaftsexistenzen, immer weiterer Ausdehnung des unwirtschaftlich arbeitenden öffentlichen Sektors, unverantwortlichem und trotzdem straffreiem Umgang mit Steuergeldern ... Sparen und Steuernsenken ist das Gebot der Stunde zum Nutzen aller, um den Industriestandort Deutschland zu erhalten. Das belebt nicht nur Handel, Industrie, Handwerk und Arbeitsmarkt, sondern bringt am Ende höhere Steuereingänge."[43]

Feudalisierung des politischen Systems

Die Wirtschaftsvereinigung der CDU Nordrhein-Westfalen veröffentlichte (zunächst) eine Studie der Kölner Soziologen Erwin K. und Ute Scheuch, in der vor der wachsenden „Feudalisierung des politischen Systems" in Deutschland gewarnt wird. Nach der Feststellung, daß die Politik in der Bundesrepublik Deutschland inzwischen von reinen Berufspolitikern beherrscht werde, werden für deren Erfolg drei Faktoren als bestimmend genannt: In erster Linie die Unterstützung in einer Seilschaft, um die Wiedernominierung als Kandidat zu erreichen. An zweiter Stelle ist das über die Medien vermittelte Ansehen wichtig. An dritter Stelle ist ein Kapital von Gefälligkeiten erforderlich, die vor allem den politischen Gegnern und einflußreichen Bürgern erwiesen werden. Die Studie der nordrhein-westfälischen CDU-Wirtschaftsvereinigung übt Zurückhaltung mit der Bemerkung, daß es wohl noch zu früh sei, zu entscheiden, ob die jetzige Feudalisierung des politischen Systems in der Bundesrepublik Deutschland und nicht nur im Kommunismus eine Durchgangserscheinung oder ein Systemwandel sei. Für letzteren allerdings spreche die üppige Finanzierung des Systems. Auf der Bundesebene bedeute eine Existenz als Berufspolitiker, neben guten Einkünften von ca. 120.000 DM pro Jahr (ohne Aufwandsentschädigungen) und Ausstattung mit Apparaten, noch sehr gute Privilegien zu genießen. In einer Reihe von Gebietskörperschaften könnten Bezüge als Minister oder Staatssekretäre kumuliert werden. Die Altersversorgung sei nach acht, aber spätestens zwölf Jahren exzellent. In derselben Studie wird konstatiert, daß traditionell die CDU stützende Milieus zahlenmäßig geschrumpft seien, und daß in den expandierenden Milieus, wie zum Beispiel im „neuen Mittelstand" die CDU nur unvollkommen Fuß fassen konnte. „Mit der Feudalisierung besteht wenig Grund zur Annahme, sie könnte dies wenden", lautet das Fazit. Eine der in dieser Studie aufgestellten Thesen zu einer strukturellen Erneuerung der politischen Führung lautet: „Die Bezahlung des Berufs Politiker darf nicht so interessant sein, daß er allein des hohen Verdienstes wegen angestrebt wird. Die Höhe der Vergütung soll bis zu einer Obergrenze eine Aufwandsentschädigung für das entgangene Einkommen aus Berufstätigkeit sein, die nach der Ebene der Politik zu differenzieren ist. Für Abgeordnete auf allen politischen Ebenen sollte sie im Regelfall die Besoldung nach B7 nicht überschreiten. Für kleine Gemeinden bleibt Politik ein Ehrenamt." Fürwahr, das ist ein guter, durchaus realistischer Vorschlag.[44] Doch die Wirtschaftsvereinigung mußte auf Druck der CDU Nordrhein-Westfalen die Verbreitung dieser aufsehenerregenden Studie schleunigst einstellen. Die Verfasser veröffentlichten ihre Arbeit, wesentlich erweitert, in einem rororo-Aktuell-Band unter dem Titel „Cliquen, Klüngel und Karrieren – Über den Verfall der politischen Parteien – eine Studie" (Reinbek bei Hamburg, 1992).

Prof. Scheuch geht mit dem „neuen Adel", wie er die Politiker tituliert, immer wieder hart ins Gericht. In einem Vortrag in Krefeld (Thema: „Die Privilegien der Politiker – die Angemessenheit ihrer Einkünfte, Nebeneinkünfte und sonstiger Privilegien und Pöstchen") warf er den „neuen Adligen" vor, nach dem „Versailles-Syndrom" zu verfahren. Nach Scheuch sieht das so aus: Man regiert bürgerfern, fährt aber am liebsten vierspännig vor – im übertragenen Sinne, versteht sich, denn eine S-Klasse allein tut es ja nicht. Prof. Scheuch monierte außerdem, daß Privilegien immer mehr zu „Vorrechten, die gegen Treue getauscht werden" entartet sind. So kommt es denn dazu, daß Mitglieder eines Stadtrates als Rechtsanwälte Prozesse für die Stadt führen, oder als Versicherungsagenten stadteigene Betriebe versichern.

Es dürfte wohl kaum jemanden geben, der Politikern und Abgeordneten eine leistungsgerechte Bezahlung und eine angemessene und den Regelungen für „normale" Arbeitnehmer angepaßte Altersversorgung neidet. Das zunehmende Unbehagen und die wachsende Kritik der Bürger richtet sich gegen die maßlos überzogenen und hemmungslos in Anspruch genommenen Privilegien der „neuen Adligen". Dazu gehören zum Beispiel unangemessen hohe Ruhegehälter für Minister, ein viel zu großzügiges Übergangsgeld für Minister und unzählige Entschädigungsleistungen und Kostenpauschalen.

Außerordentlich harte und deutliche Kritik war im Sommer 1992 in der renommierten Neuen Juristischen Wochenschrift (NJW) über die Parteibuchwirtschaft zu lesen. Zwei Juristen, ein Rechtsanwalt und ein Oberstaatsanwalt, prangerten in für diese Zeitschrift ungewöhnlich scharfer Form Mißstände an und zogen gegen den

„Zusammenschluß der Parteien zum Zwecke der Selbstbereicherung, der Aneignung fremden, zumeist öffentlichen Vermögens" zu Felde. Nach Ansicht der Autoren sei Parteibuchwirtschaft eine „strafbare Korruption", durch die nicht der Beste nach dem Leistungsprinzip in ein Amt komme, sondern derjenige, der das jeweils „richtige" Parteibuch habe. Die Autoren weisen in diesem Zusammenhang auf Artikel 33 Absatz 2 des Grundgesetzes hin. Danach hat jeder Deutsche nach seiner Eignung, Befähigung und fachlichen Leistung gleichen Zugang zu jedem öffentlichen Amt.

Beachtenswert, von Politikern, Parteien und Angehörigen des Öffentlichen Dienstes unisono und vehement zurückgewiesen, sind auch Vorschläge, den Öffentlichen Dienst zu schrumpfen, den Beamtenapparat abzubauen und Bereiche des Öffentlichen Dienstes zu privatisieren. Die Arbeitsgemeinschaft Selbständiger Unternehmer schätzt, daß bis zu 80 Prozent aller Gemeinde- und bis zu 40 Prozent der Landesaufgaben nicht hoheitlich und deswegen privatisierbar sind. Dazu gehören Energieversorgung, Abfallbeseitigung, der Betrieb von Krankenhäusern, Pflegeheimen, Sporthallen und Schwimmbädern, Vermessung und Planung von Bauvorhaben sowie die Verwaltung von öffentlichen Gebäuden und Anlagen. Analysen und bereits gesammelte praktische Erfahrungen machen deutlich, daß private Unternehmer im Vergleich mit Behörden dieselben Dienstleistungen ebenso gut, meistens jedoch wirtschaftlicher erbringen können.[45] Doch der Widerstand der Politiker und aus den Parteien ist riesengroß. Es sei denn, „Ausgründungen städtischer Dienstleistungen als nun privatrechtlich verfaßte Betriebe" bringen wiederum Politikern materielle Vorteile, wie das Ehepaar Scheuch in ihrer zitierten Studie am Beispiel Köln beweist: „Die Aufsichtsratspositionen und gelegentlich auch Vorstands- oder Geschäftsführerposten werden während der Amtszeit als Stadtverordnete zur Ergänzung des Einkommens benutzt. Ein Beispiel sind die 95.000 DM jährlich, die der CDU-Stadtverordnete Rechtsanwalt Meyer als Geschäftsführer derjenigen Gesellschaft erhielt, die für die Stadtsparkasse die Vermietungen ihres Hausbesitzes betreut. Noch wichtiger sind die ausgegründeten Betriebe als Instrument der Versorgung nach Aufgabe des politischen Amtes." [46] Der vehemente Widerstand gegen tatsächliche Privatisierungen, das heißt: die Übertragung von Dienstleistungen an unabhängige Unternehmer, ist mit der Tatsache zu erklären, daß im Falle solcher Privatisierungen zahlreiche Politiker oder „politische" Beamte ihre Pfründe zum Beispiel als Chef der Müllabfuhr, eines „öffentlichen" Verkehrsbetriebes oder dergleichen verlieren würden.

Claus Jacobi schrieb bereits Ende 1985 in einem Leitartikel in der „Welt am Sonntag": „Wie jede herrschende Klasse versucht auch die Mittelmäßigkeit ihre Herrschaft zu zementieren und auszudehnen." [47] Sechseinhalb Jahre später hatte der in Bonn Politik und Zeitgeschichte lehrende Professor Hans-Peter Schwarz Veranlassung, in einem Leitartikel darzulegen, daß das Parteiensystem als Ganzes ins Gerede gekommen ist; in den Kommunen, in den Ländern, im Bund. Der Autor stellte überall dieselben Mängel fest: „Politische Selektionskriterien, die der Klüngelei Tür und Tor öffnen; zu großzügiger Umgang mit den Steuergeldern; Selbstbedienung; fachlich unzulängliche Auswahl; Überheblichkeit und Volksferne." Den Bürger muß es nachdenklich stimmen, wenn Schwarz erwähnt, daß bisher die Skeptiker Recht behielten, die die Parteien für unfähig und für unwillig hielten, sich und das von ihnen geschaffene System zu reformieren. [48]

Prof. Dr. jur. Hans Herbert von Arnim veröffentlichte 1980 im Karl-Bräuer-Institut des Bundes der Steuerzahler einen beachtenswerten verfassungsrechtlichen und staatspolitischen Diskussionsbeitrag über die Ämterpatronage durch politische Parteien.[49] Der Autor sagt klipp und klar aus:

Die Triebfeder für parteipolitische Ämterpatronage liege in dem Bestreben der Parteien, Informationen zu erhalten und Einfluß auf die Entscheidungen der Verwaltung auszuüben („Herrschaftspatronage") und im Wunsch, verdiente Parteiangehörige zu belohnen und dadurch indirekt neue Mitglieder anzuziehen („Versorgungspatronage").

Als gravierende Folgen solcher parteipolitischer Kungelei nennt von Arnim:

- Privilegierung der einen und Diskriminierung der anderen.
- Minderung der Leistungsfähigkeit öffentlicher Bediensteter.
- Aufblähung des Personals im Öffentlichen Dienst.
- Gefährdung der Unparteilichkeit der Verwaltung.
- Schwund des Vertrauens der Bevölkerung in die Objektivität der Behörden und in die Sachgerechtigkeit ihrer Entscheidungen.

Von Arnim bezeichnet die parteipolitische Ämterpatronage als eindeutig verfassungswidrig. [50]

Im April 1992 verkündete Bundeskanzler Helmut Kohl:

„Jetzt müssen wir maßhalten." [51] Was bedeutet „Wir"? Alle Bürger und alle staatlichen und parlamentarischen Institutionen – oder wiederum nur der „Goldesel" Steuerzahler? Zur selben Zeit appellierte der Vorsitzende des Wirtschaftsausschusses des Deutschen Bundestages, Friedhelm Ost, das Jahr 1992 nicht von harten Verteilungskämpfen bestimmen zu lassen. Der Tageszeitung „Die Welt" sagte Ost: „Es kann nur verteilt werden, was erarbeitet wird." Notwendig sei „ökonomische Vernunft". [52]

Parteienfinanzierung

Ausführlich und sehr kritisch hat sich der Diplom-Volkswirt und Verfassungsrechtler Prof. Dr. Hans Herbert von Arnim mit der Finanzierung der Parteien, der Fraktionen, Parteistiftungen und mit der Entschädigung von Parlamentsabgeordneten in seinem 1991 erschienenen Buch „Die Partei, der Abgeordnete und das Geld" beschäftigt. Im Vorwort macht der Autor darauf aufmerksam, daß es bei all diesen Finanzierungen um mehr als nur um Geld geht, „das ohnehin nur Ausdruck von Macht ist und gleichzeitig ein Mittel, die Macht immer weiter auszubauen". Die für von Arnim entscheidende Frage ist, „ob die Mächtigen im Staat sich auch die Gesetzgebung, die Verwaltung und die Rechtsprechung für ihre Zwecke dienstbar machen können, oder ob es gelingt, sie ihrerseits unter das Recht zu zwingen. Es geht um das Verhältnis von Geld, Macht und Recht im demokratischen Verfassungsstaat." Die Verfügung über die Gesetzgebung und die staatlichen Haushalte verführe leicht zu Mißbrauch und Privilegien, zu Verkrustung und Behinderung innovativer Kräfte, zu Bürgerferne der Parteien und Parteienverdrossenheit der Bürger, warnt von Arnim.[53] An anderer Stelle des zitierten Buches nennt der Autor die Ordnung und Kontrolle der Politikfinanzierung „vordringliche Staatsaufgaben". Bei der „Finanzierung der Politik" in Deutschland liege die wichtigste Aufgabe des Staates nicht in der Sicherung ausreichender Mittel „für die etablierten politischen Kräfte". Die Hauptaufgabe liege vielmehr in der „Kontrolle und Disziplinierung der Politikfinanzierung durch Schaffung einer angemessenen rechtlichen Ordnung".[54]

In einem bissigen Leitartikel zum Thema „Politiker und Geld" stellte der Publizist Enno von Loewenstern die Frage, wem eigentlich die Politiker einreden wollten, sie seien ja dauernd auf der Suche nach fähigen Köpfen aus der Industrie.

„Will die SPD uns das erzählen, die seit Jahren die Industriellen als Profitmacher und Einflußmachthaber verteufelt? Oder die Union, die nichts so fürchtet wie den Vorwurf, bei ihr gebe die Industrie den Ton an?" Der Publizist von Loewenstern forderte sodann auf, darüber nachzudenken, wie wir Politiker bekommen können, „die sich schon im Wirtschaftsleben bewährt haben, die Pensions-Vorzeitregelungen mit Verachtung zurückweisen, die aus Überzeugung in die Politik gehen und nicht, weil sie es nötig haben". Der Autor beendet seine Strafrede mit der Feststellung: „Jedes Land bekommt die Politiker, die es verdient. Und die daran verdienen."[55]

Ein zu recht empörter Bürger stellte in einem Leserbrief an die Frankfurter Allgemeine Zeitung die Frage, ob denn die Politiker schon so weit vom Volke abgehoben hätten, „daß sie in lichten Höhen, einer Brahmanenkaste ähnlich, ein elitäres Eigenleben" führen. Gibt es denn, fragt der Briefschreiber, zum Beispiel immer noch keine echte Kontrollinstanz gegen die Selbstbedienungs-euphorie der Parlamente? Und er trifft den Nagel auf den Kopf, wenn er feststellt: „Es spart sich im Fußvolk leichter und williger, wenn der «große Bruder» – sprich: Regierungen, Parlamente und Parteien – mit gutem Beispiel vorangeht und in Selbstbescheidung einsichtsvoll den Gürtel enger schnallt. Doch dafür ist bisher wenig Bereitschaft zu erkennen – eher das Gegenteil." [56]

Der Staat, die aufgeblähte Administration und die sie bildenden Bürokraten und Technokraten, die Parteien, die ihr nahestehenden Stiftungen, Parlamentsfraktionen – sie alle beuten die Steuern zahlenden Bürger aus und betrachten eine ungehörige Menge aus dem vom „Goldesel" Steuerzahler immer wieder prall gefüllten Steuersack als ihre Beute.

Hans Herbert von Arnim kommt in seiner Untersuchung zu dem Ergebnis, daß derzeit die Staatsfinanzierungsquote der Parteien weit über 60 Prozent liegt.[57] Die direkte Finanzierung der Parteien resultiert aus Zahlungen an die Fraktionen, Zahlung eines Wahlkampfkosten-Sockelbetrages und einer Wahlkampfkostenpauschale sowie über den sogenannten „Chancenausgleich". Die indirekte Finanzierung der Parteien erfolgt über die steuerliche Abzugsfähigkeit von Spenden und über Zahlungen an parteinahe Stiftungen.

Wohin das maßlose Selbstbedienungs-Denken politischer Parteien führen kann, zeigt folgendes Beispiel: Die im Landtag von Nordrhein-Westfalen vertretenen Parteien hatten beschlossen, die Wahlkampfkostenpauschale für Landtagswahlen von den üblichen 5,– DM auf 6,25 DM zu erhöhen. Die Begründung ist abstrus: Wenn es für die alle vier Jahre stattfindenden Bundestagswahlen 5,– DM pro Wähler gäbe, müßte die Pauschale für die alle fünf Jahre stattfindenden Landtagswahlen höher sein. Als ob ein Wahlkampf alle fünf Jahre teurer wäre als einer alle vier Jahre. Diesem abgefeimten „Geschäft" der Parteien in Nordrhein-Westfalen hat das Landesverfassungsgericht einen Riegel vorgeschoben und den Beschluß zur Erhöhung der Wahlkampfkostenpauschale verworfen.

Im Jahr 1990 bekamen die parteinahen Stiftungen der

FDP (Friedrich-Naumann-Stiftung)	83,5 Mio. DM,
der SPD (Friedrich-Ebert-Stiftung)	185,3 Mio. DM,
der CSU (Hanns-Seidel-Stiftung)	83,0 Mio. DM,
der CDU (Konrad-Adenauer-Stiftung)	177,7 Mio. DM,
und der Grünen (Stiftungsverband Regenbogen)	15,3 Mio. DM,

das sind insgesamt 544,8 Mio. DM, zugewiesen[58] (jeweils Sollbeträge). Von Arnim veröffentlicht auch ein sehr anschauliches Beispiel über die Staatsfinanzierung von Parteien, Fraktionen und Stiftungen in einer vierjährigen Legislaturperiode (11. Wahlperiode):

Wahlkampfkostenerstattungen für Bundestags-, Landtags- und Europawahlen	ca. 634 Mio. DM
„Sockelbetrag" auf Bundesebene	ca. 68 Mio. DM
„Sockelbetrag" in Nordrhein-Westfalen	ca. 10 Mio. DM
„Chancenausgleich"	ca. 72 Mio. DM
„Parteisteuern" (Von Abgeordneten an ihre Parteien abzuführende Beträge)	ca. 217 Mio. DM
Steuerbegünstigung von Beiträgen und Spenden an Parteien	ca. 400 Mio. DM
Zahlungen an die Bundestags- und Landtagsfraktionen	ca. 592 Mio. DM
Zahlungen an politische Stiftungen aus dem Bundeshaushalt	ca. 2.180 Mio. DM
Zusammen	ca. 4.173 Mio. DM

Ein freier Mensch

„Ich will kein ausgehaltener Bürger sein, gedemütigt und abgestumpft, weil der Staat für mich sorgt.

Ich lehne es ab, mir den eigenen Antrieb mit einem Trinkgeld abkaufen zu lassen.

Ich will weder meine Freiheit gegen Wohltaten hergeben, noch meine Menschenwürde gegen milde Gaben.

Ich habe gelernt, selbst für mich zu denken und zu handeln, der Welt gerade ins Gesicht zu sehen und zu bekennen, dies ist mein Werk.

Das alles ist gemeint, wenn wir sagen: Ich bin ein freier Mensch!“

(Albert Schweitzer)

Frondienste für den Staat

Von der res publica zur res administratio

Der Theologe und Pädagoge Dr. Winfried Döbertin (Hamburg) schrieb in einem religionsphilosophischen Buch, daß der technizistische Glaube an die Machbarkeit des Glücks in den letzten zwei Jahrhunderten in einigen Teilen der Erde tatsächlich beträchtliche Verbesserungen in den Lebensverhältnissen der Menschen gebracht habe. Doch nun wissen wir, meint Döbertin, daß „gesellschaftliche Planung zu einer Verbürokratisierung aller Lebensbezüge führen kann“.[59]

Döbertin legt die Hand in eine schwärende Wunde unseres Staatswesens: Die res publica verkommt rapide zur finanziell aufwendigen, ineffektiven res administratio, die zu einem großen Teil für die politische Führungskaste (Die Neue Klasse) jedweder Couleur als Instrument der Machtbewahrung herhalten muß.

Gab es in den alten Bundesländern 1960 3,002 Millionen Beschäftigte im Öffentlichen Dienst, waren es 1990 (ebenfalls in den alten Bundesländern) bereits 4,666 Millionen (jeweils ohne Soldaten). Das bedeutet: Jeder Sechste der 29 Millionen Erwerbstätigen in den alten Bundesländern bezieht sein Einkommen aus der Staatskasse. Davon knapp 40 Prozent als Beamte und Richter; 38 Prozent als Angestellte und 22 Prozent als Arbeiter.

Von diesen über vier Millionen „Staatsdienern“ waren 1990 beschäftigt

in den Bundesländern	1,925 Millionen
in den Gemeinden	1,358 Millionen
bei der Bundespost	0,537 Millionen
bei Bundesbehörden	0,332 Millionen
bei Sozialversicherungsbehörden (BfA etc.)	0,264 Millionen
bei der Bundesbahn	0,250 Millionen

Dieter Lau vom Bund der Steuerzahler warnt: Der öffentliche Dienst werde über kurz oder lang unbezahlbar und damit „zu einem Sprengsatz für die öffentlichen Haushalte“.[60] Ständig teurer, bei nachlassender Effektivität, wird der Deutsche Bundestag (wie

Länderparlamente auch). Der langjährige Präsident des Oberlandesgerichts Braunschweig, der Sozialdemokrat Dr. Rudolf Wassermann, stellte die Frage, wie lange sich die Deutschen einen so aufwendigen parlamentarischen Betrieb noch leisten können. Die wachsende Entfremdung zwischen den Deutschen und ihrem Bundesparlament könne, meint Wassermann, wohl am ehesten abgebaut werden, wenn der Bundestag konsequent und überzeugend daran ginge, seine Schwächen abzustellen, „insbesondere seine Finanzgebarung zu überprüfen". Wassermann spricht deutlich aus, was wohl die Mehrheit der Bürger, vor allem der Steuerzahler, denkt: Die Politiker könnten nicht ständig zum Teilen und zur Sparsamkeit aufrufen, wenn sie – in diesem Fall die Abgeordneten des Deutschen Bundestages bzw. die Fraktionen – nicht mit gutem Beispiel vorangingen. Stellt sich der Bundestag dieser Frage – und anderen Fragen – nicht, sieht Wassermann voraus, „daß das Ansehen des Parlaments weiter sinkt und das Diktum, der Bundestag sei Selbstbedienungsladen und Tummelplatz einer dem Gemeinwohl entfremdeten politischen Klasse, an Anziehungskraft gewinnt."[61]

Im Würgegriff der Bürokratie

Vom öffentlichen Haushalt einmal abgesehen: Es ist Kennzeichen und Ergebnis bürokratischer Wucherungen: Wir leisten uns derzeit – können wir uns das eigentlich leisten? – eine Bundesregierung mit 82 Mitgliedern: ein Bundeskanzler, neunzehn Minister, vier Staatsminister, neunundzwanzig beamtete Staatssekretäre und neunundzwanzig Parlamentarische Staatssekretäre.

Die Bürokratie wuchert mehr und mehr. Es ist zum Beispiel nicht einzusehen, daß es ein Bundesministerium für Familie und Senioren, eines für Frauen und Jugend und eines für Gesundheit gibt; obwohl diese Ressorts durchaus in einem einzigen Ministerium unterzubringen wären. Gewiß gibt es auch eine Reihe überflüssiger Behörden, die für viel Geld im wesentlichen nur „Leerlauf produzieren".

So zum Beispiel das Bundesministerium für Raumordnung, Bauwesen und Städtebau, das in den Jahren des Aufbaus der Bundesrepublik Deutschland seine Bedeutung hatte, dessen Aufgaben nunmehr in einem Ressort des Wirtschaftsministeriums wahrgenommen werden könnten.

Ferner das Bundeskartellamt, das zwar Analysen, Gutachten und andere zumeist dickleibige Papiere herstellen, aber letztlich nicht entscheiden kann. In jedem Fall hat allein der Bundeswirtschaftsminister das Recht, sein Veto einzulegen und die letzte gültige Entscheidung zu treffen. Die für derartige Entscheidungen erforderlichen Gutachten könnten kostensparend im „eigenen Hause" angefertigt werden.

In einem Gespräch des Bundes der Selbständigen – Deutscher Gewerbeverband mit der CDU/CSU-Bundestagsfraktion im Oktober 1991 forderte der damalige Präsident dieser berufsständischen mittelständischen Organisation, Willi-Peter Sick, die Parlamentarier vor allem mit Blick auf die Sozialpolitik beschwörend auf: „Befreien Sie endlich den mündigen Bürger von staatlicher Bevormundung. Nur so bekommen wir die sozialen Probleme der Zukunft in den Griff." [62]

Der Kölner Bankier und damalige CDU-Bundestagsabgeordnete Peter von der Heydt stellte bereits 1981 in einem Aufsatz unter der vielsagenden Überschrift „Der entmündigte Bürger oder: 1984 verkehrt" nach einem Hinweis auf George Orwells Buch „1984" ein nachdenklich machendes realistisches Szenarium dar. Die Bürokratien hätten in der Vergangenheit in aller Stille Einzug in alle wesentlichen Lebensbereiche gehalten und beherrschten heute auch das Parlament, wenngleich dort immer noch einzelne Freiberufler, Unternehmer und andere Individualisten Unordnung stifteten. Dann stellt der Autor fest:

„Mit der Kontrolle der Parlamente begann die von allen kritisierte, aber von niemandem gestoppte Überschwemmung der Menschen mit Gesetzen, Verordnungen, Erlassen und Verfügungen, die nur ein Ziel haben, nämlich den Bürger mit bürokratischen Mitteln vor sich selbst zu schützen." Am Schluß des Aufsatzes zieht von der Heydt dieses alarmierende Fazit: „Die Entmündigung der Bürger funktioniert reibungslos. Die Vormunde kontrollieren sich selber. Der Große Bruder hält Wacht."[63]

Dieser Alarmruf wurde 1981 ausgestoßen. Die Bürokratie wuchert seitdem kräftig weiter. Die Bürokraten vermehren sich. Und Bürokraten entscheiden oft aus parteipolitischem ideologischem Blickwinkel und einseitigen parteipolitischen Abhängigkeiten über die Verwendung „öffentlicher" Gelder. Da maßen sich dann Bürokraten auch hin und wieder an, durch solche parteipolitisch, ideologisch ausgerichteten Verfügungen eine Art „stille Zensur" auszuüben und unliebsame Autoren zu „bestrafen", indem Mittel für den Ankauf eines Buches für „öffentliche Zwecke" – zum Beispiel für die politische Bildung oder zur Weitergabe an Schulen – eben nicht zur Verfügung gestellt werden.

So geschah das mit einem 1991 erschienenen Buch des letzten Leiters des 1971 aufgelösten Ostbüros der SPD, Helmut Bärwald, „Das Ostbüro der SPD – 1946 - 1971: Kampf und Niedergang". Bärwald war im Januar 1971 als Referent beim SPD-Parteivorstand und im September desselben Jahres aus der SPD ausgeschieden. Seitdem gilt er bei der SPD als „persona non grata". In seinem Buch über das „Ostbüro" setzt sich Bärwald anhand von Fakten und Belegen kritisch mit der Ost- und Deutschlandpolitik, mit der in den sechziger Jahren begonnenen Appeasement-„Politik" der SPD gegenüber den Machthabern im 1989 zusammengebrochenen SED-Staat auseinander. Obwohl von Fachreferenten im Gesamtdeutschen Institut der sachlich begründete Vorschlag gemacht wurde, daß das Institut vor allem zur Verbreitung in den neuen Bundesländern eine größere Menge des Bärwald-Buches ankaufen sollte, entschied der damalige Vizepräsident des Gesamtdeutschen Instituts, das SPD-Mitglied Ernst Eichengrün – ob nach Rücksprache mit der SPD oder nicht, das sei dahingestellt – gegen dieses Projekt.

Der gleiche Vorgang wiederholte sich im Frühjahr 1992; diesmal bei der Bundeszentrale für politische Bildung, die nach Meinung gutgläubiger Staatsbürger ja eigentlich „über den Parteien", vor allem außerhalb einseitig parteipolitischer Positionen, stehen sollte. Der Kurt-Schumacher-Kreis e.V., dem fast ausschließlich ehemalige politische Häftlinge aus Mitteldeutschland, ehemals Mitglieder der SPD, angehören, erhob im Frühjahr 1992 diesen Protest:

„Der Kurt-Schumacher-Kreis e. V. protestiert gegen die von der SPD im dreiköpfigen, von der CDU/CSU, SPD und FDP gestellten Direktorium der mit Steuergeldern unterhaltenen Bundeszentrale für politische Bildung durchgedrückte Entscheidung, das Buch von Bärwald über „Das Ostbüro der SPD" nicht als Material für die politische Bildung zu übernehmen. Wieder einmal erweist sich die SPD als intolerant gegen einen Dissidenten und als unduldsam gegen eine Publikation, die ihr nicht in den Kram paßt. Die SPD behindert damit zudem im Rahmen staatlich geförderter politischer Bildung die erforderliche Information und die dringend gebotene Diskussion (insbesondere in den neuen Bundesländern) über einen wichtigen Abschnitt der Geschichte der SPD und des politischen Widerstandskampfes gegen die kommunistische Diktatur in Mitteldeutschland. Der Kurt-Schumacher-Kreis erwartet von den zuständigen Gremien eine Überprüfung und Aufhebung der vom Direktorium der Bundeszentrale für politische Bildung gegen die Stimme des CDU/CSU-Vertreters getroffenen Entscheidung."[64] Diese Intervention blieb allerdings bisher ohne Erfolg (Mai 1993).

Bereits Mitte der siebziger Jahre zog einer der führenden deutschen theoretischen und empirischen Soziologen, Prof. Helmut Schelsky, immer wieder in Schriften und Kommentaren gegen die um sich greifende Verwaltung und „Betreuung" des Menschen, gegen den Mißbrauch des Staates als eine Art Selbstbedienungsladen, gegen ideologische Politisierung und parteipolitisch eingefärbte Verbürokratisierung zu Felde. Es ist bestürzend, feststellen zu müssen, daß Schelskys Schreckensvisionen im Laufe von zwei Jahrzehnten immer mehr zu Realitäten geworden sind.[65] Notwendig ist eine Umkehr vom Bürokratenstaat zum Bürgerstaat!

Wir wollen nicht die Verstaatlichung des Menschen, sondern die Vermenschlichung des Staates.

(H. Pestalozzi)

Die Ausbeutung durch Steuern

Weltmeister in der Besteuerung

Das ist nichts anderes als „Die Ausbeutung der Fleißigen". So lautet der Untertitel des 1986 erschienenen Buches von Walter Wittmann , „Der Steuerstaat".[66] Darin weist Wittmann nach, daß sich der Steuerstaat seit Anfang der siebziger Jahre in der Krise befindet, daß die laufenden Einnahmen des Staates nicht ausreichen, um die versprochenen Staatsleistungen zu finanzieren und, daß das Ergebnis wachsende Defizite und steigende Staatsschulden sind. Wittmann hält die marktwirtschaftliche Wende in der Finanzierung des Staates für ebenso unverzichtbar wie den Handlungsgrundsatz, daß „Gerechtigkeit, und nicht Ausbeutung die zukunftsweisende Maxime" zu sein habe. Wittmann fordert dazu auf, Steuergerechtigkeit neu zu definieren, erst dann sei der „Weg für den Systemwechsel in die marktwirtschaftliche Finanzierung des Staates" frei.

Wachsende Ansprüche der öffentlichen Hand und vieler Bürger führen zwangsläufig zu immer höheren Steuern. Die wachsende Verschuldung der öffentlichen Hand ist eine Mogelpackung: Steuererhöhungen werden, wenn es politisch und wahlpsychologisch opportun ist, auf die lange Bank geschoben, kommen dann aber doch irgendwann einmal, und zwar umso drastischer.

Der ehemalige Präsident des Bundesverbandes der Deutschen Industrie, Heinrich Weiß, steckte den Politikern diese „Siegesmeldung" hinter die Ohren: Deutschland ist Weltmeister in der Besteuerung. So nehme Deutschland zum Beispiel bei der Körperschaftssteuerbelastung der im Unternehmen verbleibenden Gewinne mit einem Steuersatz von 50 Prozent innerhalb der Europäischen Gemeinschaft eine einsame Spitzenposition ein. In der Mehrzahl der EG-Staaten erreiche der Steuersatz allenfalls 40 Prozent, zum Teil unterschreite er diesen Wert sogar erheblich. In Frankreich beträgt der Körperschaftssteuersatz für reinvestierte Gewinne nur 34 Prozent; in Großbritannien 33 Prozent, dort für Unternehmen mit Gewinnen bis 250.000 Pfund sogar nur 25 Prozent.[67]

Eine Zusammenstellung des Bundesfinanzministeriums zeigt die Höhe des Körperschaftssteuersatzes auf den einbehaltenen Gewinn in Prozent (1991) in

Deutschland	50,0	
Italien	47,8	
Griechenland	46,0	
USA	45,3	
Kanada	44,3	
Japan	44,0	
Irland	40,0	Sondersatz für Fertigungsbetriebe 10%
Belgien	39,0	Sondersatz für Fertigungsbetriebe 10%
Dänemark	38,0	
Portugal	36,0	
Niederlande	35,0	
Spanien	35,0	
Schweiz	34,3	
Frankreich	34,0	
Österreich	30,0	
Schweden	30,0	
Großbritannien	30,0 (25,0)	Ein Traum für deutsche Mittelständler!

Auch in der Gesamtsteuerbelastung der Unternehmen in Höhe von 66 Prozent nimmt Deutschland in der internationalen Tabellenliste mit erheblichem Abstand vor anderen europäischen Ländern den Spitzenplatz ein:

Deutschland	66,2	Belgien	39,0
Frankreich	52,2	Schweiz	38,1
Italien	47,8	Dänemark	38,0
USA	45,3	Niederlande	35,0
Kanada	44,3	Großbritannien	33,0
Irland	40,0	Schweden	30,0

Steigende Steuereinnahmen

Die Steuereinnahmen des Bundes haben sich 1985 stetig gesteigert. Sie betrugen

1985	206,3 Mrd. DM	1989	247,1 Mrd. DM
1986	208,9 Mrd. DM	1990	261,8 Mrd. DM
1987	217,1 Mrd. DM	1991	321,3 Mrd. DM
1988	220,2 Mrd. DM	1992	346,9 Mrd. DM

Für das Jahr 1993 werden Steuereinnahmen in Höhe von 355,1 Mrd. DM; für 1994 380,0 Mrd. DM und für 1995 398,6 Mrd. DM erwartet.

Die Steuerquote als Ausbeutungsrate betrug 1991 in Deutschland 23,5 Prozent; die Abgabenquote 42,0 Prozent; und die Staatsquote 49,5 Prozent (so hoch war sie zuletzt unter einer von der SPD geführten Bundesregierung, nämlich 49,5 Prozent im Jahre 1975 und 49,6 Prozent im Jahr 1981. Im Jahr des Regierungswechsels, 1982, betrug die Staatsquote 49,8 Prozent).

In einem 1991 auf dem Dresdner Parteitag der CDU gefaßten Beschluß wird konstatiert, daß von der Wettbewerbsfähigkeit der deutschen Wirtschaft Arbeitsplätze, Wohlstand sowie die Zukunft Deutschlands abhängen. „Wir wollen die Chancen der deutschen Unternehmen im europäischen Binnenmarkt und auf dem Weltmarkt sichern; deshalb ist nach der allgemeinen Steuerreform jetzt eine Reform der Unternehmensbesteuerung, die zu einer deutlichen Entlastung der Unternehmen führt, notwendig und unverzichtbar," wird in diesem Beschluß versprochen.

Es kann nicht gutgehen, wenn der Staat die Belastbarkeit der Wirtschaft insgesamt, der mittelständischen Unternehmen und der Freiberufler insbesondere bis an die „Schmerzgrenze" und darüber hinaus probiert ... bis manchem Unternehmer, Gewerbetreibenden, Handwerker, Freiberufler „die Puste ausgeht".

Der Geschäftsführende Direktor des Instituts der Deutschen Wirtschaft, Prof. Gerhard Fels, klagte: „Die vom Bundeskanzler versprochene Senkung der Unternehmenssteuern wird immer mehr zerredet."[68] Das war im Januar 1992. Ein halbes Jahr später wurde wieder einmal von Politikern angedroht, die sogenannten „Besserverdienenden" – dieser Begriff ist immer mehr zum ideologisierten Kampfwort, zum Giftwort geworden – beziehungsweise Höherverdienenden, steuerlich kräftiger zu belasten ... wenn sie nicht investieren. Nur, so ist zu fragen, wie kann mancher mittelständische Unternehmer investieren, wenn er das dazu nötige Geld nicht verdient hat – oder: wegen stetig steigender Personal- und Personalzusatzkosten, Sozialversicherungsbeiträgen etc. nicht verdienen kann? Und sollen etwa die Freiberufler, die das Glück haben, zu den Höherverdienenden zu gehören, steuerlich auch höher belastet werden, obwohl sie – nehmen wir als Beispiel einen freiberuflichen Journalisten – überhaupt keine Arbeitsplätze schaffenden Investitionen vornehmen können? Im Prinzip ist auch nichts gegen eine Progression bei den Einkommensteuern einzuwenden; allerdings bei Wegfall von Mehrfachbesteuerungen.

Der zunächst geplante vermögenssteuerliche Freibetrag für Kapitalvermögen in Höhe von 100.000 DM für Alleinstehende und 200.000 DM für Verheiratete wird nach einem „Kompromiß" über die neue Zinssteuer ab 1993 im Vermittlungsausschuß von Bundestag und Bundesrat nicht gewährt. Auch die vorgesehene Einräumung eines Freibetrages von 100.000 DM bei der Erbschaftssteuer ist unter den Tisch gefallen; ebenso eine ins Auge gefaßte Erhöhung des „Altersentlastungsbetrages" von 3.720 DM auf 6.000 DM.

Gefährdeter Mittelstand

Es wird wiederholt: Fast die Hälfte des Bruttosozialprodukts in Deutschland wird vom Mittelstand erwirtschaftet, mehr als zwei Drittel aller Arbeitsplätze werden vom Mittelstand bereitgestellt und mehr als vier Fünftel der Lehrlinge werden vom Mittelstand ausgebildet. Allein diese Zahlen unterstreichen die bedeutende Funktion des Mittelstandes als wesentlichen Träger der Dynamik der deutschen Volkswirtschaft. Mit dieser Rolle ist wiederum die

Forderung nach einer beschleunigten Verbesserung der wirtschaftlichen Rahmenbedingungen begründet.

Prof. Dr. Eberhard Hamer ging in einem Zeitschriften-Aufsatz hart mit den sogenannten „Altparteien" ins Gericht, denen er vorwarf, dem Mittelstand nur wenig zugetan zu sein. Das zeigten sie, indem sie Unternehmerpersonen (die sind zumeist im Mittelstand zu finden) im Spitzensatz drei Prozent höher besteuern (53 %) als Kapitalgesellschaften (50 %). Hamer kritisiert: Die deutschen Unternehmer haben die höchsten Steuern der Welt zu zahlen und dennoch nicht die Möglichkeit der Gewinnverschiebung, wie sie alle Konzerne international nutzen.[69]

Bisherige steuerpolitische Entlastungsmaßnahmen für den Mittelstand, wie die Verdoppelung des Höchstbetrages für den Verlustrücktrag, die Verbesserung der Abschreibungsmöglichkeiten, die Verringerung der ertragsunabhängigen Steuerbelastung, die Förderung des Forschungs- und Entwicklungspotentials kleiner und mittlerer Unternehmen sowie die Absenkung und Linearisierung des Einkommensteuertarifs dürften die Innovationskraft und die Leistungsfähigkeit und die Leistungsbereitschaft des Mittelstandes etwas gestärkt haben.

Dringend notwendige Entlastungen

Jedoch können auch solche Entlastungsmaßnahmen wie die Vervierfachung des Freibetrages zur steuerlichen Bewertung des Betriebsvermögens, die Übernahme der Steuerbilanzwerte in die Vermögensaufstellung, die Staffelung der Meßzahlen nach dem Gewerbeertrag und die Anhebung des Freibetrages für Personengesellschaften und Einzelunternehmen bei der Gewerbesteuer nur erste Schritte sein, denen – wenn all diese Entlastungen tatsächlich „greifen" sollen – schleunigst weitere Schritte folgen müssen. Dazu gehören nach Vorstellungen des Mittelstandes die Abschaffung der Gewerbesteuer nach Ertrag und Kapital, Erleichterungen bei der Erbschaftssteuer, Änderung des Umwandlungsrechts, Abschaffung der betrieblichen Vermögenssteuer, Absenkung des Höchstsatzes bei der Einkommensteuer von 53 Prozent auf 46 Prozent sowie Senkung des Körperschaftssteuersatzes für nicht ausgeschüttete Gewinne auf ebenfalls 46 Prozent, wesentliche Verbesserungen (2.400,– DM) bei Abschreibungen geringwertiger Wirtschaftsgüter (die seit zwei Jahrzehnten immer noch bei 800,– DM liegen, obwohl in dieser Zeit die meisten dieser geringwertigen Wirtschaftsgüter zum Teil erheblich teurer geworden sind) und die Einführung einer steuerstundenden Investitionsrücklage.

Tatsächlich hat der zwischen der Bundesregierung und den Bundesländern geschlossene Kompromiß über das Steuerveränderungsgesetz 1992 einige für mittelständische Unternehmen ab 1993 wirksame partielle Entlastungen gebracht; durch die Anhebung des Freibetrages für Personenunternehmen bei der Gewerbeertragssteuer von 36.000,– auf 48.000,– DM; mit der Staffelung der Meßzahlen nach dem Gewerbeertrag oberhalb des Freibetrages in fünf Schritten von 1 Prozent bis 5 Prozent je zusätzlichem Gewerbeertrag von 24.000,– DM; mit der Erhöhung des Freibetrages in der Vermögenssteuer für Betriebsvermögen von 125.000,– auf 500.000,– DM; und mit der Übernahme der Steuerbilanzwerte in die Vermögensaufstellung.

Steuerstundende Investitionsrücklage

Vom Mittelstand wird seit vielen Jahren die Möglichkeit einer steuerstundenden Investitionsrücklage gefordert. Die politische Debatte darüber verlief in den vergangenen anderthalb Jahrzehnten in einem schier undurchschaubaren, schwer verständlichen Zick-Zack-Kurs. Vor vielen Jahren, zu Zeiten einer von der SPD geführten Bundesregierung, wurde ein entsprechender Antrag von der CDU/CSU eingebracht und von der SPD abgelehnt. Nach dem Regierungswechsel 1982 machte sich die SPD zum Fürsprecher des Mittelstandes und brachte im November 1987 im Bundestag einen Antrag zur „Beseitigung steuerlicher Benachteiligungen von kleinen und mittleren Unternehmen“ durch Einführung einer steuerstundenden Investitionsrücklage ein. Seitdem tut sich die CDU/CSU schwer. Geschehen ist bisher nichts, bis auf „Überlegungen" von Bundesfinanzminister Theo Waigel Anfang 1992, „gegebenenfalls eine steuerstundende Investitionsrücklage einzuführen".[70] Der wirtschaftspolitische Sprecher der CSU-Landesgruppe im Bundestag, Ernst Hinsken, wies gleich nach Waigels „Überlegungen" darauf hin, daß für den gewerblichen Mittelstand, insbesondere für das Handwerk, die steuerstundende Investitionsrücklage das am ehesten geeignete Instrument sei, Nachteile bei der Investitionsfinanzierung abzubauen und die Eigenkapitalbasis zu verbessern. Es sei doch wohl das gemeinsame Ziel aller Wirtschafts- und Finanzpolitiker, meinte Hinsken, den zu motivieren, der Arbeitsplätze schafft und sichert. Deswegen müsse gerade auch die Leistungs- und Wettbewerbsfähigkeit kleiner und mittlerer Unternehmen verbessert werden. Die steuerstundende Investitionsrücklage führe zu einer Verstetigung des Investitionsverhaltens, weil sie unter anderem durch die Verteilung der Steuerlast im Wege der Rücklagenbildung auf spätere Veranlagungszeiträume die Gewinnspitzen glätte.[71]

Offenheit und Ehrlichkeit

Zu den wichtigsten politischen Ansprüchen aller auf irgendeine Weise Steuern zahlenden Bürger gegenüber den Regierenden gehört die dringende Forderung nach Offenheit und Ehrlichkeit auch auf dem Gebiet der Finanz- und Steuerplanung. Es ist unerträglich, wenn die Bürger lange Zeit an der Nase herumgeführt, mit Halbwahrheiten abgespeist und unerwartet und oft desinformiert mit Steuererhöhungen „überfallen" werden. Der Wegfall anachronistischer Bagatellsteuern des Bundes auf Tee, Zucker, Salz und Glühbirnen ab 1. Januar 1993 ist nur ein kleines Trostpflaster. Auf die Kaffeesteuer, die jährlich etwa zwei Milliarden Mark einbringt, vermochte der Bund (noch) nicht zu verzichten.

Nach den Beschlüssen auf dem CDU-Bundesparteitag vom 26. bis 28. Oktober 1992 hat sich der deutsche Bürger wohl auf weitere Steuererhöhungen einzurichten.

Es ist auch ein Gebot der Offenheit und Ehrlichkeit höchster staatlicher Stellen, politische Entscheidungen verläßlich umzusetzen. Als ein Gegenbeispiel kann man die Einführung der neuen Postleitzahlen anführen, die ab 1. Juli 1993 gelten. Am 22. März 1962 erläuterte der damalige Bundespostminister Richard Stücklen vor der Bonner Presse sein (damals neues) vierstelliges Postleitzahlen-System. Er wies insbesondere darauf hin, daß bei der Wiedervereinigung das System angepaßt und um die Zahlen 0, 1, 2, 3 und 9 erweitert werden könne (vgl. Rhein-Neckar-Zeitung vom 23. März 1962). Die Begründung des Postministeriums heute, die Integration der neuen Bundesländer erfordere neue (fünfstellige) Postleitzahlen ist somit nicht richtig. Die ehemalige DDR hat mit 17 Mio. Bürgern nahezu die gleiche Einwohnerzahl wie Nordrhein-Westfalen. Wenn in NRW die Leitzahlen 4 und 5 ausreichen, dürfte es auch kein Problem sein, die neuen Bundesländer mit den Ziffern 0, 1 oder 9 zu bestücken. Die Umstellung auf das neue fünfstellige PLZ-System verursacht allein für die Deutsche Bundespost etwa 800 Mio. DM, die gesamte Wirtschaft kostet diese überflüssige Aktion nach Schätzungen ungefähr sechs Milliarden DM.

Das Problem der Lohnnebenkosten

Personalzusatzkosten – ein zweiter (teurer) Lohn

Arbeitgeber zahlen viel mehr als die auf den Lohn- und Gehaltszetteln angegebenen Beträge. Die Personalzusatzkosten haben sich in den letzten Jahren immer mehr zu einem „zweiten Lohn" entwickelt und belasten vor allem den in der Regel personalintensiven Mittelstand.

Hinter dem recht harmlos klingenden Begriff „Personalzusatzkosten" verbirgt sich ein Wust an gesetzlichen, tariflichen und betrieblichen finanziellen Belastungen:

1. Gesetzliche Personalzusatzkosten

- Sozialversicherungsbeiträge (Rentenversicherung, Unfallversicherung, Krankenversicherung, Arbeitslosenversicherung)
- Bezahlte Feiertage und sonstige Ausfallzeiten
- Entgeltfortzahlung im Krankheitsfall
- Bürokratiekosten
- Sonstige Personalzusatzkosten wie Mutterschutz, Kündigungsschutz, bezahlte Freistellungen, Arbeitssicherheit, Betriebsverfassungsrechts-Folgekosten, Schwerbehindertenkosten, gesetzlicher Urlaubsanspruch

2. Tarifliche Personalzusatzkosten

- Tariflicher Mehrurlaub
- Zusätzliches Urlaubsgeld
- Jahressonderzahlungen
- Vermögenswirksame Leistungen
- Zusätzliche Altersversorgung
- Zusätzliche Lohnfortzahlung in Krankheitsfällen

3. Betriebliche Personalzusatzkosten

- Betriebliche Fortbildungsaufwendungen
- Sonstige betriebliche Personalzusatzkosten, wie Gratifikationen, Weihnachtsgeld, Fahrtkostenzuschüsse, Wohnungsbeihilfen, Kredite an Mitarbeiter, von Mitarbeitern genutzte Geschäftsfahrzeuge und dergleichen.

Gesetzliche Personalbürokratie

In einer Untersuchung des Mittelstandsinstituts Niedersachsen wurde 1979 nachgewiesen, daß die Betriebe nicht nur finanziellen Direktaufwand durch Sozialvorschriften haben, sondern auch eine Fülle von Statistiken, Kontrollmeldungen, Berichten anfertigen und sonstigen Verwaltungsaufwand für angestellte Mitarbeiter leisten müssen. Aufgaben, die der Gesetzgeber ihnen auferlegt hat, welche aber mit der Arbeitsleistung der Mitarbeiter nichts zu tun haben.[72] Eberhard Hamer und Wolfgang Schierbaum berichten in einer vom Mittelstandsinstitut Niedersachsen 1991 herausgegebenen Schrift:

> Die Masse der bis zu 187 (!) regelmäßigen Verwaltungstätigkeiten, die die Unternehmen zwangsweise für 42 (!) verschiedene Behörden zu leisten haben, betreffen den Sozialrechtsbereich der Mitarbeiter. Die daraus entstehenden Kosten werden den Unternehmen nicht erstattet. Insofern stellen sie gesetzliche Personalzusatzkosten dar.

Nach Feststellungen von Hamer und Schierbaum hat jedes Unternehmen pro Jahr 510 Stunden und 32 Minuten mit dem Betrag von 17.701,86 DM kostenlose Sozialbürokratie für öffentliche Ämter oder für öffentliche Zwangsanforderungen zu leisten. Die beiden Wissenschaftler weisen in diesem Zusammenhang auf einen vor allem mittelständische Unternehmen erheblich belastenden Umstand hin, die – anders als große Unternehmen – nicht über mit Personal gut besetzte Verwaltungs- und Personalabteilungen verfügen. Hamer und Schierbaum ziehen aus ihren Untersuchungen den Schluß: Da die meisten dieser sozialrechts-bürokratischen Verpflichtungen die Unternehmen unabhängig von der Größe treffen, ist die relative Belastung durch sie umso höher, je kleiner der Betrieb ist. Pro Mitarbeiter machen diese gesetzlichen Personalzusatzkosten bei Großunternehmen weniger als 50,– DM pro Jahr aus; bei mittleren Unternehmen aber bereits etwa 250,– DM je Mitarbeiter. Kleine Unternehmen haben sogar pro Mitarbeiter über 3.000,– DM (!) Sozialrechts-Bürokratie zu leisten.[73]

Die Kosten gesetzlicher Personalbürokratie als Anteil an den gesamten Personalzusatzkosten betragen[74]

beim Handwerk	5,2 Prozent
bei Dienstleistern und freien Berufen	12,1 Prozent
im Handel	8,6 Prozent
in der Industrie	2,5 Prozent

In dem von der Arbeitsgemeinschaft Mittelstand der CSU im Sommer 1992 beschlossenen Aktionsprogramm „Mittelstand 2000" wird unter anderem verlangt, daß sich der Gesetzgeber auch als Gesetz-Beseitiger betätigen müsse, und zwar dort, wo Vorschriften überflüssig oder zur reinen Schikane geworden sind. Für die bürokratischen Hilfsdienste zugunsten des Staates müsse den Unternehmen als Ausgleich ein steuerlicher Freibetrag in Höhe von mindestens einem Prozent ihrer Bruttolohn- und Gehaltssumme gewährt werden.

Ein von der Administration den Unternehmen oktroyierter Frondienst besteht auch darin, daß gerichtlich verfügte Pfändungen vom Arbeitsentgelt beim Arbeitgeber vorgenommen werden. Der Arbeitgeber wird als unbezahltes Hilfs- und Vollstreckungsorgan der Gerichte mißbraucht. Das führt zu weiteren unproduktiven und Bürokratie-Kosten verursachenden Belastungen der Unternehmen und überdies zu einer Art „Entmündigung" der von einem Pfändungsbeschluß betroffenen Arbeitnehmer.

Personalzusatzkosten steigen in schwindelnde Höhen

Für mittelständische Unternehmen alarmierend ist das von den beiden Wissenschaftlern vorgelegte Untersuchungsergebnis, daß die Personalzusatzkosten relativ mit steigender Betriebsgröße abnehmen; das heißt mit anderen Worten: Die Personalzusatzkosten sind relativ umso höher, je kleiner die Betriebe sind. Diese Aussage gilt gleichermaßen für die drei Bereiche Handel, Handwerk und Dienstleister, nicht jedoch für die Industrie.[75]

Nach Berechnungen des Statistischen Bundesamtes und des Instituts der deutschen Wirtschaft verdoppelte sich von 1966 bis 1991 die Quote der Personalzusatzkosten. Das Direktentgelt stieg von 1966 bis 1988 um 282 Prozent; die Personalzusatzkosten vermehrten sich im selben Zeitraum um 628 Prozent!

Anstieg der Personalzusatzkosten insgesamt im Produzierenden Gewerbe in Prozent des Entgelts für geleistete Arbeit in Unternehmen mit 50 und mehr Beschäftigten:

1978	71,8 Prozent	1988	82,6 Prozent
1981	77,5 Prozent	1990	82,9 Prozent
1984	81,6 Prozent	1991	83,8 Prozent

Anstieg der gesetzlichen sowie der tariflichen und betrieblichen Personalzusatzkosten im Produzierenden Gewerbe in Prozent des Entgelts für geleistete Arbeit in Unternehmen mit 50 und mehr Beschäftigten:

	gesetzliche Personalzusatzkosten	tarifliche und betriebliche Personalzusatzkosten
1978	33,6	38,2
1981	34,7	42,8
1984	34,7	46,9
1988	35,8	46,8
1990	36,0	46,9
1991	36,9	46,9

Der stärkste Anstieg ist beim Anteil der Sozialversicherungsbeiträge der Arbeitgeber zu verzeichnen: Von 19,8 Prozent des Direktentgelts im Jahre 1978 auf 23,7 Prozent im Jahre 1991.

Im Jahre 1991 betrug der Anteil der Personalzusatzkosten in Prozent des Entgelts für geleistete Arbeit im Dienstleistungssektor:

Großhandel	69,2 Prozent
Einzelhandel	71,5 Prozent
Bankgewerbe	102,5 Prozent
Versicherungsgewerbe	97,5 Prozent

Die Personalkosten insgesamt steigerten sich im Dienstleistungssektor von 44.074 DM (davon PZK 19.275) im Jahre 1981 auf 69.000 DM (davon PZK 31.400) im Jahre 1991.[76]

Bei einer differenzierten Betrachtung nach Unternehmensgröße ergibt sich, daß kleine und mittlere Betriebe stärker von gesetzlichen Personalzusatzkosten betroffen sind. Nach Angaben des Statistischen Bundesamtes für 1988 ergibt sich folgendes Bild:

10 bis 49 Beschäftigte	53,5 % gesetzliche PZK
	46,5 % tarifliche PZK
100 bis 199 Beschäftigte	50,8 % gesetzliche PZK
	49,2 % tarifliche PZK
1000 und mehr Beschäftigte	39,8 % gesetzliche PZK
	60,2 % tarifliche PZK

Diplom-Volkswirt Edmund Hemmer, Leiter des Referates Betriebliche Sozial- und Gesellschaftspolitik im Institut der deutschen Wirtschaft, Köln, kam nach Untersuchungen in seinem Hause zu folgenden Schlußfolgerungen:

Die Personalzusatzkosten steigen im langfristigen Trend an, wobei sich das Anstiegstempo im Jahr 1991 verstärkt hat.

Die gesetzlichen Zusatzkosten erhöhten sich 1991 überproportional, vor allem weil der Beitragssatz in der Arbeitslosenversicherung um 2,5 Prozentpunkte erhöht und der in der Rentenversicherung um nur einen Prozentpunkt ab 1. April 1991 gesenkt wurde. Auf diese Weise stiegen die Arbeitgeberbeiträge um 0,75 Prozentpunkte. Stark zu Buche schlug der Posten „Entgeltfortzahlung im Krankheitsfall". Der seit 1983 anhaltende Anstieg des Krankenstandes, der nur im Jahre 1987 unterbrochen war, setzte sich 1991 weiter fort. Hemmer zeigt diesen Trend:

Zwischen 1966 und 1991 stiegen die gesamten Personalkosten im Jahresdurchschnitt um 7,1 Prozent an. Das Entgelt für geleistete Arbeit nahm im gleichen Zeitraum mit einem Jahrestempo von 6,1 Prozent zu.[77]

Mit diesen Angaben wird die Brisanz deutlich: Zwischen 1966 und 1991 sind die Personalzusatzkosten prozentual stärker angestiegen als das Entgelt für geleistete Arbeit. Anstelle für geleistete Arbeit – präziser: für Leistungen – muß von den Arbeitgebern mehr und mehr für eine als selbstverständlich hingenommene lückenlose „Versorgung" der Arbeitnehmer – die letztlich zum totalen Anspruchsdenken führt – gezahlt werden.

In Deutschland die teuersten Arbeiterstunden

Die Korpulenz der Personalzusatzkosten wird auch mit der Tatsache deutlich, daß die deutsche Verarbeitende Industrie 1991 nun schon im dritten Jahr mit genau 40,48 DM je Arbeiterstunde den ersten Platz in der internationalen Rangliste der Arbeitskosten belegte. Interessanterweise jedoch nicht etwa, weil in Deutschland im internationalen Vergleich der höchste reguläre Stundenlohn gezahlt würde – da liegt Deutschland mit 21,73 DM auf Platz fünf nach der Schweiz (25,75 DM), nach Norwegen (25,40 DM), Dänemark (25,20) und Kanada (21,80) – sondern weil in Deutschland die Personalzusatzkosten im internationalen Vergleich mit 18,75 DM am höchsten sind (Schweiz 13,08 DM; Norwegen 13,08 DM; Dänemark 6,02 DM; Kanada 7,86 DM). Die Addition von regulärem Stundenlohn und Personalzusatzkosten ergibt für Deutschland den erwähnten Betrag von 40,48 DM (vor der Schweiz mit 38,83 DM, Norwegen 38,48 DM und Schweden 37,02 DM).

Eine vielsagende Berechnung

Die Mittelstandsvereinigung der CDU/CSU hat einmal zur Beantwortung der Frage, was eine Verrechnungsstunde zum Beispiel eines Handwerkbetriebes für den Kunden kostet und wie sich die Kosten zusammensetzen, eine aufschlußreiche Berechnung angestellt, die hier in verkürzter Form wiedergegeben wird: Zunächst sind die personellen Aufwendungen für einen Arbeitnehmer, in diesem Falle eines Gesellen im dritten Gesellenjahr, anzusetzen:

Bruttolohn im Jahr bei einem Stundenlohn
für das Jahr 1991 im Durchschnitt 19,50 DM
52 Wochen x 38 Stunden = 1976 Stunden/Jahr .... 38.532,– DM

Dazu kommen:
Vermögenswirksame Leistungen 52,– DM monatlich .... 624,– DM

Zusätzliches Urlaubsgeld lt. Tarifvertrag =
50 % des Urlaubsgeldes .... 2.223,– DM

13. Monatseinkommen, Sonderzahlung lt.
Tarifvertrag, 75 % des Monats Januar 1991 .... 2.556,45 DM

Gesamter Bruttojahresverdienst .... 43.935,45 DM

Hinzu kommen Personalzusatzkosten
Gesetzliche Sozialversicherung,
Arbeitslosenversicherung,
Krankenversicherung, berechnet nach
dem gesamten Bruttojahresverdienst .... 8.114,88 DM

Gesetzliche Unfallversicherung
(Berufsgenossenschaftsumlage und Konkursausfall),
berechnet nach dem gesamten Bruttojahresverdienst .. 1.177,47 DM

Zusatzversicherung für die Lohnfortzahlung im
Krankheitsfall, Umlage für Lohnausgleich, berechnet
nach dem gesamten Bruttojahresverdienst .... 1.383,97 DM

Sonstige Personalzusatzkosten, wie
Fahrtkostenerstattung, Essensgeldzuschuß
und dergleichen .... 500,– DM

Gesamte Personalkosten .... 55.111,77 DM

Wird dieser Betrag durch die gesamten produktiven Jahresarbeitsstunden dividiert, betragen die Kosten für eine Verrechnungsstunde bereits 39,85 DM. Das sind auf den angenommenen Bruttoverdienst vom 19,50 DM pro Stunde bereits 104,4 Prozent.

Zusätzlich zu den Personalkosten muß der Unternehmer aber auch noch die betrieblichen Gemeinkosten tragen und über die Verrechnungsstunde den Kunden damit belasten. Nach einer Untersuchung aus dem Jahre 1988 für das holz- und kunststoffverarbeitende Handwerk und empirischen Ermittlungen sind dieses, im Einzelnen bezogen auf die produktive Leistungsstunde mit einem Entgelt von 19,50 DM:

Kfz-Kosten	9,2 % = 1,79 DM/Std.
Kfz-Abschreibung	7,9 % = 1,54 DM/Std.
Betriebliche Steuern, Beiträge und Versicherungen	9,7 % = 1,89 DM/Std.
Raumkosten	8,9 % = 1,74 DM/Std.
Bürokosten	3,7 % = 0,72 DM/Std.
Werbekosten	3,8 % = 0,74 DM/Std.
Reisekosten	1,0 % = 0,20 DM/Std.
Buchhaltungs- und Beratungskosten	4,1 % = 0,80 DM/Std.
Strom, Gas, Wasser	5,2 % = 1,01 DM/Std.
Reparaturen und Instandhaltungen	4,1 % = 0,80 DM/Std.
Betriebsstoffverbrauch	2,9 % = 0,57 DM/Std.
Sonstige Gemeinkosten	3,9 % = 0,76 DM/Std.
Abschreibungen	18,6 % = 3,63 DM/Std.
Zins- und Diskontaufwendungen	24,4 % = 4,76 DM/Std.
Unternehmenskosten	
- Zinsen – Eigenkapital	4,9 % = 0,96 DM/Std.
- Unternehmerlohn	29,2 % = 5,69 DM/Std.
- Risiko und Verlust	7,6 % = 1,48 DM/Std.
	29,08 DM/Std.

Die gesamten Betriebsgemeinkosten auf einen Mitarbeiter, in diesem Fall auf einen Gesellen, je produktive Leistungsstunde bezogen, belaufen sich demnach auf 29,08 DM. Das sind bereits 149,1% Kosten. Auf ein Jahr bezogen erhalten wir eine zusätzliche Summe von immerhin 1.383 Stunden pro Jahr mal 29,08 = 40.217,64 DM.

Aus den obigen Zusammenstellungen ergibt sich in unserem Beispiel an Gesamtkosten für jede produktive Arbeitsstunde ein Betrag von 68,93 DM. Dieser Betrag setzt sich zusammen aus

Stundenlohn brutto	19,50 DM
Personalzusatzkosten	20,35 DM
Betriebsgemeinkosten	29,08 DM

In diesen Kosten sind noch nicht enthalten die zusätzlichen Leistungszulagen, Prämien, Beteiligungen oder Überstundenzulagen der Mitarbeiter sowie weitere betriebsspezifische Kosten, wie zum Beispiel der Gewinnaufschlag des Unternehmens, der für die Sicherung von Arbeitsplätzen und für Investitionen erforderlich ist. Die gesetzliche Mehrwertsteuer muß selbstverständlich ebenfalls noch hinzugerechnet werden.

In unserem Beispiel ergeben sich an Jahreskosten für einen einzigen Mitarbeiter:

Bruttojahresverdienst	43.935,45 DM
Personalzusatzkosten	11.176,32 DM
Betriebsgemeinkosten	40.217,64 DM
Das ergibt sage und schreibe	95.329,41 DM

Düstere Prognose

„Antikapitalistische" Klassenkämpfer werden auch angesichts solcher Berechnungen die Gewinne der Unternehmer als anrüchig, gar als anstößig verteufeln und lauthals verkünden: Sollen die Kapitalisten mal kräftig berappen, nachdem sie das „Kapital Arbeitskraft" der „ausgesaugten Werktätigen" kräftig ausgebeutet haben.

Die in klassenkämpferischer Manier verschwiegenen Tatsachen sehen ganz anders aus: Im Jahr 1991 haben alle Unternehmen in den alten Bundesländern ca. 369 Milliarden DM Gewinn erwirtschaftet; rund 11 Milliarden weniger als im Jahr 1990. Etwa 320 Milliarden DM wurden 1991 für Investitionen verwendet. Das waren trotz zurückgegangener Gewinne nahezu 30 Milliarden mehr als 1990.

Nach Berechnungen des Instituts der deutschen Wirtschaft liegt Deutschland hinsichtlich der Nettoumsatzrendite (Jahresüberschuß nach Unternehmenssteuern in Prozent des Umsatzes) weit hinten. Für 1990 ergibt sich im internationalen Vergleich folgendes Bild:

USA	5,8 Prozent	Japan	2,6 Prozent
Niederlande	5,4 Prozent	Italien	2,4 Prozent
Großbritannien	5,0 Prozent	Deutschland	2,0 Prozent
Frankreich	2,8 Prozent		

Die außerordentlich schwache Position Deutschlands ist vor allem durch die weltweit höchsten Arbeitskosten und erheblichen steuerlichen Belastungen bedingt.

Das Institut der deutschen Wirtschaft stellte hinsichtlich der Personalzusatzkosten für 1992 diese Prognose:

1992 dürfte sich die Quote der Personalzusatzkosten wahrscheinlich nicht verändern (Sie verharrt also auf hohem Niveau). Die Senkung des Beitragssatzes in der Arbeitslosenversicherung um 0,5 Prozentpunkte auf 6,3 % wird eine leichte Entlastung (minus 0,25 Prozentpunkte) bringen. Sie dürfte aber durch höhere Krankenkassenbeiträge und den weiter steigenden Krankenstand (Lohnfortzahlung) aufgewogen werden. Auf die Frage, was gegen diese gefährliche Entwicklung zu tun sei, vermag auch das Institut der deutschen Wirtschaft nur zurückhaltend und mit einem Anflug von Resignation zu antworten:

Die hohe Belastung mit Personalzusatzkosten hat die Arbeitsplätze in der deutschen Wirtschaft immer teurer gemacht und die Wettbewerbsfähigkeit des Produktions- und Dienstleistungsstandortes Deutschland geschwächt. Gesetzgeber und Tarifpartner (!) sind im Interesse der Arbeitsplatzsicherung gefordert, die Sozialkosten der Unternehmen in Schach zu halten. Die steigenden Beitragssätze in der Krankenversicherung sind allerdings ein schlechtes Omen.[78] Wenn diese Entwicklung nicht schleunigst gebremst und sogar rückgängig gemacht wird, ist wohl der Tag nicht mehr fern, an dem die Personalzusatzkosten genau so hoch wie, wenn nicht gar höher als das eigentliche Arbeitsentgelt sind. Fürwahr, grausige Aussichten!

Ein Schweizer Arzt sagte in einem Vortrag, eines der Grundübel unserer Zeit sei, daß viele die Hauptregel der Demokratie vom Geben und Nehmen, von der eigenen Verantwortung für die eigenen Bedürfnisse sowie der besonderen Entlöhnung eigener Initiative und besonderer Leistungen, verletzen und mit Füßen treten.

Die Prognose über den weiteren Weg ist tatsächlich düster: Die Entwicklung führt von der Sozialen Marktwirtschaft mit einer auch eigenverantwortlichen sozialen Sicherung über einen ausufernden Wohlfahrtsstaat mit einer hemmungslosen Anspruchsgesellschaft hin zum „Fiskalsozialismus", der die Marktwirtschaft verdrängt (Kurt Richebächer) und mündet schließlich in den „Weg zur Knechtschaft" (Friedrich A. Hayek).

Soziale Gerechtigkeit und soziales Wohlbefinden, Solidarität mit den ohne eigene Schuld in Bedrängnis geratenen Bürgern, darf nicht zur quasi sozialistischen Gleichmacherei und bürokratisch-administrativen „Zwangsversorgung" sowie zur schier grenzenlosen Totalversorgung und Befriedigung hemmungslosen Anspruchsdenkens Aller bei Nichtbeachtung des Prinzips vom Geben und Nehmen, der eigenen Leistung, Verantwortung und Fürsorge entarten. Prof. Ernst Nolte mahnte:

„Wenn jeder Mensch eine Chance hat, seine Situation zu verbessern und nur diesen Gedanken im Kopf trägt, könnte in der Tat eine atomistische Gesellschaft entstehen, in der es große Ziele, ideelle Überzeugungen oder auch Gemeinsinn nicht mehr gibt."[79]

Was sich ändern muß

Vom Mittelstand wird zur Abwendung dieser Bedrohungen, die letztlich die Wirtschaft insgesamt, die Soziale Marktwirtschaft und das „Wohlergehen" aller Bürger gefährden können, dringend gefordert:

Zwingend notwendig ist eine Senkung der viel zu hohen und stetig steigenden Lohnzusatzkosten. Um das zu erreichen, verlangt die Mittelstandsvereinigung der CDU/CSU eine konzertierte Aktion von Wirtschaftsverbänden, Gewerkschaften und (sachkundigen) Politikern.

Das Niveau der Lohnkosten in Deutschland ist zu starr. Die Löhne sind stärker zu differenzieren: nach Qualifikation, Branchen und Regionen. Die Tarifpartner müssen so ihrer Verantwortung für Regionen, für Krisenbranchen, für arbeitsplatzintensive Betriebe und Problemgruppen auf dem Arbeitsmarkt gerecht werden.

Das Lohnfortzahlungsgesetz muß mit dem Ziel einer Entlastung der Wirtschaft überarbeitet werden. Gerade die mittelständische Wirtschaft wird mit den spezifischen Folgen der Lohnfortzahlung alleingelassen. Es muß nach Lösungen gesucht werden, die einen Ausgleich der Interessen schaffen. Zum Beispiel böte sich eine steuerneutrale Versicherungslösung zugunsten des Arbeitnehmers mit Regelungen für Beitragsrückerstattungen bei Nichtinanspruchnahme an.

Und: Die vom Staat den Unternehmen aufgebürdeten unbezahlten bürokratischen Hilfsdienste müssen dringend überprüft und so kräftig wie möglich gestrichen werden. Der Parlamentskreis Mittelstand der CDU/CSU-Fraktion im Deutschen Bundestag schlägt zur Verringerung der Personalzusatzkosten unter anderem folgende entlastungswirksame Korrekturen vor:

Krankenversicherung

Kostendämpfung im Krankenhaussektor;
Krankenhausplanung, Krankenhausfinanzierung, Beteiligung der

Krankenkassen an der Investitionsplanung, Kürzung der Verweildauer, Beseitigung von Fehlbelegungen, Abbau überflüssiger Bettenkapazitäten;
Selbstbeteiligung;
weniger Leistungen zum Nulltarif, prozentuale Selbstbeteiligung mit Überforderungsklausel.

Lohnfortzahlung im Krankheitsfall

Reduzierung der Höhe der Lohnfortzahlung;
Tariflohn als Bemessungsgrundlage, ohne Zulagen, Überstunden usw.;
Versicherungsrechtliche Lösung für Lohnfortzahlung;
Bezahlung durch Krankenkasse, Finanzierung durch Beitragsleistungen der Arbeitgeber und Arbeitnehmer;
stärkere Einschaltung des sozialmedizinischen Dienstes;
frühzeitige Begutachtung durch vertrauensärztlichen Dienst;
Arbeitsunfähigkeitsbescheinigung eines Arztes auch bei Kurzzeiterkrankung;
Bonusregelung zugunsten von Arbeitnehmern ohne bzw. mit nur geringen Fehlzeiten.

Mutterschaftsleistung

Entlastung von Arbeitgebern und Krankenkassen durch Übergang auf gesamtstaatliche Finanzierung.

Arbeitslosenversicherung

Entlastung von Fremdausgaben;
Sprachförderung, Benachteiligtenprogramm, Bildungsbeihilfengesetz;
verstärkte Mißbrauchskontrolle;
gezielte Überprüfungen im Arbeitsamt Köln haben in der Zeit zwischen Juli 1989 und Oktober 1991 zu Rückforderungen in Höhe von rund 2,7 Mio. DM geführt. Bundesweit haben die Arbeitsämter 1990 315.000 Fälle aufgegriffen, davon 216.000 mal wegen Mißbrauchs von Lohnersatzleistungen. Mehr als 33 Mio. DM Arbeitslosengeld wurden zurückgefordert.

Die Kontrollen müssen zur Stärkung der generalpräventiven Wirkung intensiviert werden.[80]

Von der Leistungs- zur Wohlfahrtsgesellschaft

Der Volkswirt und Publizist Dr. Franz Thoma schrieb vor mehr als zehn Jahren:

„Der Zwanzig- bis Fünfundzwangzigjährige, der nach seiner Ausbildung nur noch nach einer tunlichst nach den Maßstäben des Beamtentums bewerteten Lebensstellung trachtet mit genau fixierter Alltags- und Auftragsregelung einschließlich jeder Absicherung für alle Wechselfälle des Lebens – solche und ähnliche Einstellungen bringen uns nicht weiter. Das sind nicht Symptome einer harten Leistungsgesellschaft, sondern einer behüteten Wohlstandsgesellschaft. Das ist verwaltetes Leben. Mit Verwalten und Verteilen aber gewinnen wir keinen Zukunftsanschluß.“[81]

Mehr als zehn Jahre sind seit dieser bereits damals berechtigten Warnung vergangen, die offenkundig nichts gefruchtet hat. Die soziale Komponente der Marktwirtschaft entartete mehr und mehr. Der soziale Staat mit den beiden Säulen „Eigenverantwortung so viel wie möglich“ und „Solidarität der Gemeinschaft da, wo nötig“ verkommt stetig zu einer „behüteten Wohlstandsgesellschaft“, zu einem totalen Wohlfahrtsstaat mit einem wachsenden, schier grenzenlosen Anspruchsdenken vieler seiner Bürger. Doch die Politiker aller Couleur verkünden, zumeist im Hinblick auf bevorstehende Wahlen, populistisch und oft von wenig Sachkenntnis bestimmt, den Sozialstaat auch in Zukunft weiter fortentwickeln zu wollen – in eine semisozialistische Zukunft? Ist denn völlig in Vergessenheit geraten, daß Solidarität und verantwortungsvolles Sozialverhalten prinzipiell dadurch bestimmt sein sollten, daß der öffentliche Sozialschutz auf die tatsächlich Schutz- und Hilfsbedürftigen und auf das beschränkt wird, was der Einzelne nicht selbst in eigener Verantwortung und aus eigener, vor allem auch materieller, Kraft nicht selbst zu tragen vermag?

Im gemeinsamen Aktionsprogramm der Mittelstandsvereinigung der CDU/CSU und des Parlamentskreises Mittelstand der CDU/CSU-Bundestagsfraktion für die 12. Legislaturperiode des Deutschen Bundestages (ab 1990) wird aus der Kenntnis über die beängstigende Entwicklung gegen den wachsenden Mißbrauch des Sozialleistungssystems in Deutschland zu Felde gezogen. Dieses System sei inzwischen in einem Maße perfektioniert, das allzu leicht legalen oder illegalen Mißbrauch ermögliche. Bei vielen Bürgern wächst auch der Unmut darüber, daß es möglich sei, auf Kosten des Staates und der Steuerzahler sowie der Versichertengemeinschaft zu leben, obwohl eigene Leistung und eigenes Einkommen erarbeitet werden können.

In dem Aktionsprogramm wird, hoffentlich nur als erste vieler notwendiger Abwehrmaßnahmen, gefordert:

- Es ist zu prüfen, ob die neuen Regelungen über die Zumutbarkeit anderer Arbeit bei Arbeitslosigkeit ausreichend sind.
- Bei der Sozialhilfe sollte durch Verschärfung der Vorschriften darauf hingewirkt werden, daß arbeitsfähige Sozialhilfeempfänger gemeinnützige Arbeiten durchführen.
- Die Bundesregierung wird aufgefordert, die sozialen Leistungsgesetze umfassend im Hinblick auf Mißbrauch zu untersuchen. Entsprechende Gesetzeslücken, die Mißbräuche zulassen, sind zu schließen.[82]

Auch der Bund der Selbständigen/Deutscher Gewerbeverband e.V. stellte fest, daß das soziale Leistungsgefüge und Leistungsvolumen in Deutschland (in den alten Bundesländern) jahrelang ohne den nötigen Kontakt zum Wirtschaftswachstum angestiegen ist. Als besonders gravierend bezeichnete diese Organisation die Tatsache, daß die alleinige Lohnbezogenheit der Sozialabgaben eine erhebliche Kostenverlagerung zu Lasten der personalintensiven mittelständischen Unternehmen zur Folge gehabt hat. Trotz dieses Faktums wurden nicht nur lohnbezogene Beiträge zur Sozialversicherung weit über den Lohnanstieg hinaus angeboben, sondern es wurden zusätzliche am Lohn anknüpfende Leistungspflichten auf die Arbeitgeber übertragen.

Die realistische Lagebeurteilung des Bundes der Selbständigen lautet: „Die finanziellen Möglichkeiten der Versicherten und der Unternehmen sind durch diese Politik überfordert und die Bereitschaft und Fähigkeit der Bürger zu eigenverantwortlicher Vorsorge stark beeinträchtigt. Durch diese Entwicklung hat sich der soziale Rechtsstaat mehr und mehr in einen rechtlich gesicherten Sozialstaat verwandelt.“ [83]

Der Bund leitet aus dieser Lageanalyse die Forderung ab, daß in der Sozialpolitik künftig der individuellen, eigenverantwortlichen Vorsorge mehr Raum vor der kollektiven, sozialen Absicherung gegeben werden müsse, weil auch nur dann die soziale Absicherung tatsächlich bedürftiger Gruppen in der Zukunft zu finanzieren sei. In einem brillanten Aufsatz „Mit dem sozialen Netz im trüben fischen“ beschreibt Konrad Adam die aberwitzige Situation, daß der Wohlfahrtsstaat die Risiken schafft, vor denen er schützen will. Eine der Entartungen des Sozialstaates stellt der Autor so dar: „Indem der Wohlfahrtsstaat das Netz seiner Gesetze und Vorschriften, seiner Berechnungsformeln, Verteilerschlüssel und Anspruchsgrundlagen immer dichter knüpft, gerät er in Gefahr, am Ende gar nicht mehr Bedürftigkeit, sondern sozialpolitisches Knowhow zu belohnen.“ [84]

Nicht nur ein schwerer Mißbrauch des sozialen Versorgungssystems, nicht nur ein Bruch der Solidargemeinschaft, sondern auch eine Verschleuderung von Arbeitnehmern und Arbeitgebern eingezogenen Geldern, stellen überspannte Ansprüche vieler und extrem überzogene Leistungen des Sozialversicherungssystems dar. Wie zum Beispiel Abtreibung auf Krankenschein, Bezahlung von Verhütungsmitteln, die Finanzierung von Ersatz-Drogen und dergleichen.

Es ist auch beim besten Willen nicht einzusehen, daß Verleger für freiberufliche Autoren nach Veröffentlichung deren Arbeiten auch dann Beiträge an die Künstlersozialversicherung abführen müssen, wenn diese Autoren, aus welchen Gründen auch immer, nicht Zwangs-Mitglied dieser Versicherungskasse sind (zum Beispiel, weil sie wegen eines bestehenden, oft aus eigener Verantwortung aufgebauten Versicherungsschutzes von der Mitgliedschaft in der Künstlersozialversicherung befreit sind). Auf diese Weise werden Unternehmen „ausgebeutet" und müssen sozusagen ins Blaue hinein Beiträge leisten, von denen diese Autoren nichts haben.

Kommt die Pflegeversicherung als kollektive Zwangslösung?

Unbestreitbar ist die Notwendigkeit zur Absicherung des Pflegerisikos. Für den künftigen Bestand unseres Wirtschaftssystems, der Sozialen Marktwirtschaft, ist jedoch das „Wie" dieser Absicherung entscheidend, ja geradezu überlebenswichtig.

Nun soll neben den drei bleiernen Säulen Rentenversicherung, Krankenversicherung und Arbeitslosenversicherung noch eine vierte Säule errichtet werden: Die Pflegeversicherung.

Skepsis ist angebracht gegenüber etwas euphorisch klingenden und eine Menge Probleme außer acht lassenden Bemerkungen von Politikern im Sommer 1992. Da wurden zum Beispiel der Beschluß der Koalition zur Pflegeversicherung als ein „sozial- und wirtschaftspolitischer Durchbruch"[85], und das „tragfähige Konzept" der Koalition für die Pflegeversicherung als „ein mutiger Schritt zum Umbau des Sozialstaates" bezeichnet.[86]

Die CDU/CSU-Bundestagsfraktion hatte am 30. Juni 1992 einen Beschluß zur Einführung einer Pflegeversicherung gefaßt, der neben anderen folgende Regelungen vorsieht:

- Finanzierung der „sozialen Pflegeversicherung" im Umlageverfahren mit einem Finanzvolumen von 1,7 Beitragsprozentpunkten, orientiert an der Bemessungsgrenze der Krankenversicherung.
- Die Höhe des Umlagebeitrages wird vom Gesetzgeber festgesetzt. Einnahmeorientierte Ausgabenpolitik: Grundsatz der Beitragssatz-Stabilität.
- Die Beiträge werden je zur Hälfte von den Versicherten und den Arbeitgebern aufgebracht. Die Belastungen der Arbeitgeber durch

die Pflichtbeiträge zur Pflegeversicherung sollten unter anderem durch die „Modifikation der Lohnfortzahlung" im Krankheitsfall, durch Wegfall der Verpflichtung des Arbeitgebers zur Lohnzahlung am ersten Arbeitstag der Arbeitsunfähigkeit (Karenztag), ausgeglichen werden.

Über die Einführung eines solchen Karenztages wurde und wird mit unterschiedlichen Begründungen heftig gestritten. Es gibt sicherlich etliche mehr oder minder plausible Argumente gegen die Einführung eines Karenztages. Aus der Sicht vor allem mittelständischer Unternehmer ist eine wichtige Begründung der Ablehnung: Mit der Einführung des Karenztages würde die Belastung durch bürokratische Frondienste für den Staat noch größer werden, als sie es ohnehin schon ist: Durch Berechnungen, Buchungen, Überweisungen ... und, dessen dürfte man gewiß sein, durch das Ausfüllen „dickleibiger" Formulare und Kontrollmitteilungen.

Nach Verabschiedung des Beschlusses der CDU/CSU-Bundestagsfraktion zur Pflegeversicherung und nach dem Umfall der F.D.P. und deren Zustimmung zur Einführung einer solchen Versicherung „auf der Basis des von der F.D.P. nicht gewünschten Umlageverfahrens"[87] trat der F.D.P.-Bundestagsabgeordnete und Vizepräsident des Deutschen Bundestages, Dieter-Julius Cronenberg, von seinem Amt als Vorsitzender des Arbeitskreises für Arbeit- und Sozialordnung der F.D.P.-Bundestagsfraktion zurück. Aus „Protest gegen die unmöglichen Verfahrensweisen, mit denen insbesondere Norbert Blüm und Heiner Geißler mit uns umgesprungen sind"[88]. Mit unüberhörbarer Schärfe ließ Cronenberg wissen, daß er mit den „Erpressern, das sind Blüm und Geißler, nicht weiter Sozialpolitik verhandeln" müsse. Dies gelte insbesondere für die Ausführung von Gesetzen, die er, Cronenberg, mit Blick auf die gesamtwirtschaftliche Situation in Deutschland für eine mittlere Katastrophe halte. Auf die Frage eines Fernsehreporters, ob er also mit dem zwischen CDU/CSU und F.D.P. vereinbarten „Ergebnis als solchem" nicht einverstanden sei, antwortete der F.D.P.-Politiker klipp und klar:

„Nein, damit bin ich bei Gott nicht einverstanden. Natürlich brauchen wir eine Pflegeversicherung, und auch die Leistungshöhe halte ich für angemessen und vernünftig. Aber wir haben einen völlig unakzeptablen Finanzierungsweg gewählt. Es ist unerträglich, daß der Lohn, der ohnehin schon Bemessungsgrundlage für die Renten-, Kranken- und Arbeitslosenversicherung ist, nun mit dieser neuen notwendigen sozialen Leistung weiter belastet wird ... Und eine moderne Industriegesellschaft bedarf anderer Finanzierungsmethoden ... Kapital ansammeln und Zinsen statt Lohn einsetzen."

Der Zentralverband des Deutschen Handwerks erhob zur Entscheidung der Koalition von Ende Juni 1992 über die Pflegeversicherung auch verfassungsrechtliche Bedenken und zog in Zweifel, ob es gemeinwohlbezogene Gründe gibt, die es rechtfertigen würden, das altersspezifische Pflegerisiko des Arbeitnehmers und vor allem seiner mitversicherten Familienangehörigen trotz fehlenden Bezugs zum Arbeitsverhältnis in die Fürsorgepflicht des Arbeitgebers einzubeziehen.[89] Die Spitzenorganisation des deutschen Handwerks sprach von einem „faulen Kompromiß", weil Koalitionsvereinbarungen unverändert vorsehen würden, die überhöhte Last der Personalzusatzkosten zu senken. In den Überlegungen zur Pflegeversicherung sei jedoch lediglich von „Kompensationen" die Rede. Auf diese Weise würden nach Auffassung des ZDH „entscheidende Vorgaben der Regierungsarbeit in dieser Legislaturperiode aufgegeben".

Es wird wiederholt: Die Notwendigkeit zur Absicherung des Pflegerisikos wird nicht bestritten. Entscheidend ist das „Wie". Es ist weder Ignoranz noch Arroganz, wenn aus der Sicht vor allem auch der mittelständischen Unternehmer der realistische und durchaus praktikabele Vorschlag kommt: Nicht eine gesetzliche Pflichtversicherung ist notwendig, sondern eine Pflicht zur Versicherung.[90] Diesem Vorschlag entspräche das Modell „Kapitaldeckungsverfahren", bei dem die Versicherten Beiträge an private Versicherungsunternehmen nach dem Prinzip der Lebensversicherung entrichten. Die Wahl der Versicherung muß freigestellt werden.

Fachleute aus der Wirtschaft und aus dem Bereich der Wirtschaftswissenschaften sprechen sich in der Regel grundsätzlich für ein solches Kapitaldeckungsverfahren aus. Hervorzuheben ist auch, daß sich der Wissenschaftliche Beirat beim Bundesministerium der Finanzen für eine gesetzliche Vorsorgepflicht der gesamten Bevölkerung im Rahmen privater Versicherungen ausgesprochen hat. Dieses Gremium ist der Ansicht, daß eine privatwirtschaftliche Lösung, ergänzt um soziale Komponenten bei der Prämienzahlung (das könnten zum Beispiel steuerliche Vergünstigungen sein), eine richtungsweisende Antwort auf die Frage nach der Finanzierung von Pflegekosten sei.

Auch der Staatssekretär im Bundeswirtschaftsministerium, Prof. Dr. Johann Eckhoff, sprach sich gegen eine kollektive Zwangslösung aus. „Statt alle Bürger in das Umlagesystem einzubeziehen, sollte der Staat den Nachweis einer privaten Mindestabsicherung verlangen und seine Unterstützung auf die Bedürftigen begrenzen. Das individuelle Pflegerisiko sollte durch eigene Beiträge abgedeckt werden. Nur im Kapitaldeckungsverfahren werden die Versicherungsleistungen eindeutig nach der individuellen Beitragsleistung bemessen. Alle Personen würden grundsätzlich verpflichtet, eine private Pflegeversicherung nachzuweisen ...“[91]

Der Sachverständigenrat zur Begutachtung der gesamtwirtschaftlichen Entwicklung, die sogenannten „Fünf Weisen“ plädieren ebenfalls für eine private Pflichtversicherung nach dem Kapitaldeckungsverfahren, das zwar in der Gegenwart zunächst zu höheren Belastungen führen könne, die Pflegeversicherung jedoch langfristig auf ein solides und vor allem bezahlbares Fundament stelle.

Auch für die Deutsche Bundesbank kommt nur das Kapitaldeckungsverfahren auf privatwirtschaftlicher Basis infrage. Zugleich mahnte sie: Eine Erhöhung der Sozialversicherungsbeiträge beim Umlageverfahren würde die Personalzusatzkosten erhöhen und berge das Risiko in sich, daß es zu kompensierenden Lohnerhöhungen mit negativen Folgen für die Preisstabilität kommen könnte. Gehen höhere Sozialversicherungsbeiträge zu Lasten der Unternehmensgewinne, würde dies die Investitionskraft der Unternehmen und letztlich das wirtschaftliche Wachstum insgesamt schwächen.

Bemerkenswert ist in diesem Zusammenhang der Hinweis von Eva Riehm-Günther, daß bereits im Jahre 1928(!) Vorschläge des Gewerkschafters Gustav Hartz verworfen wurden, alle unter 30jährigen in eine neue, auf Ersparnisse gründende Alters- und Krankenversicherung hineinwachsen zu lassen.[92]

Aus der Sicht der Unternehmer ist die Beteiligung der Arbeitgeber an der Finanzierung der Pflegeversicherung klipp und klar abzulehnen. Eine Beitragspflicht der Arbeitgeber liefe nach Auffassung der Mittelstandsvereinigung der CDU/CSU sogar auf eine verfassungswidrige Sonderabgabe hinaus.

Das Kapitalabdeckungsverfahren zur Finanzierung der Pflegeversicherung könnte so funktionieren, ohne die Wirtschaft zusätzlich zu belasten:

- Dieses Verfahren deckt das Risiko des Pflegefalles weitgehend ab.
- Jede Person ist versicherungspflichtig, also auch Beamte und Selbständige.
- Die Kapitaldeckung verhindert die Abwälzung der Kosten auf die nächste Generation.
- Der Wettbewerb zwischen den verschiedenen Versicherungsunternehmen ermöglicht niedrige Verwaltungskosten und günstige Beiträge. Das Kapitaldeckungsverfahren ist das ordnungspolitisch richtige Modell.
- Die Prämien (Beiträge) bleiben über ein ganzes Versichertenleben praktisch stabil. Die Leistungen können in gewissem Umfang aus Zinsüberschüssen dynamisiert werden (Auffangen von Kostensteigerungen).
- Das Kapitaldeckungsverfahren erlaubt auch, soziale Härtefälle zu berücksichtigen.
- Die Prämien für Mann und Frau sind gleich. Kinder sind automatisch mitversichert.

Grundsätzlich ist zu fordern, daß die Einrichtung einer Pflegeversicherung von ordnungspolitischen Vorstellungen bestimmt sein sollte. Fehler im System der Sozialversicherung und die bürokratische Wut, alles von Staatswegen zu regulieren und zu reglementieren, dürfen nicht vergrößert werden. Der CDU-Bundestagsabgeordnete Hansjürgen Doss ist überzeugt, daß der soziale Wohlfahrtsstaat mit der Pflegeversicherung die Grenzen seiner Leistungsfähigkeit überschritten hat. Von der gefeierten vierten Säule der Sozialversicherung werde in der Realität nicht mehr viel übrig bleiben, nachdem der Ärger der Pflegebedürftigen, die feststellen werden, daß eigentlich nur der Kostenträger ausgewechselt wurde, daran festgemacht worden sei, meint Doss und zählt weitere Systemfehler und Ärgernisse auf:

„Dazu kommt der Ärger der Arbeitnehmer, die Jahr für Jahr höhere Beiträge in eine Versicherung zahlen, die sie selbst absehbar gar nicht brauchen. Der Ärger der Selbständigen des Mittelstandes, dessen Wettbewerbsposition wegen wachsender Lohnzusatzkosten immer schwieriger wird. Der Ärger der Kommunen, die eine deutliche Entlastung in der Sozialhilfe erhofft hatten. Der Ärger der Gewerkschaften, die Korrekturen an tarifpolitischen Errungenschaften als Kampfansage verstehen. Der Ärger der Kirchen, die die Feiertage verteidigen. Schließlich der Ärger all derer, die sich durch die Art der politischen Durchsetzung über den Tisch gezogen fühlen."

Hart und klar ist das Urteil des engagierten Mittelstandspolitikers: Sozialpolitische Kreativität habe nicht zum ersten Mal ein Produkt mit schein- und unsozialen Begleiterscheinungen erzeugt und sei dabei, sich von der glanzlosen Bewältigung der aufgeworfenen Probleme ab- und neuen sozialpolitischen Geniestreichen zuzuwenden. Um die Phantasie auf diesem Gebiet zu bremsen, fordert Doss einen Grundsatzbeschluß, der festschreibt, daß neue Sozialgesetze nur ernsthaft beraten werden, wenn sie mit einer seriösen Finanzierung verbunden sind.[93]

Erziehungsurlaub: Neue Belastungen für die Unternehmen

Allzu freigebige Angebote des Sozialstaates können schnell zu einer schier hemmungslosen Erwartungshaltung, zu totalem Anspruchsdenken und zum rigorosen Durchsetzen gesetzlich durchaus legitimer Ansprüche führen. Wie bei den Fehlzeiten durch Krankheit, Schein-Krankheit, Kuren usw. können vor allem mittelständische Unternehmen durch das Bundeserziehungsgeldgesetz (Gesetz über die Gewährung von Erziehungsgeld und Erziehungsurlaub) in unter Umständen existenzgefährdende Schwierigkeiten geraten.

Die Zahlung des Erziehungsgeldes – für die ersten sechs Lebensmonate des Kindes 600 DM monatlich; ab 7. Lebensmonat abhängig vom Einkommen des Berechtigten und seines nicht dauernd von ihm getrennt lebenden Ehegatten – betrifft die Steuerzahler insgesamt.

Unmittelbar werden die Arbeitgeber durch den gesetzlich verbürgten Anspruch auf Erziehungsurlaub bis zur Vollendung des dritten Lebensjahres eines Kindes betroffen. In dieser Zeit ruhen die Hauptleistungspflichten aus dem Arbeitsverhältnis nur. Ab dem Verlangen des Erziehungsurlaubs bis zu dessen Beendigung besteht ein absolutes Kündigungsverbot – sowohl für ordentliche als auch außerordentliche Kündigungen.

Vergrößert werden die Belastungen vor allem der mittelständischen Unternehmen dadurch, daß der Anspruch auf Erziehungsurlaub alternativ sowohl vom Vater als auch von der Mutter geltend gemacht werden darf. Und noch bedrückender kann die Situation für manchen Betrieb durch die gesetzliche Bestimmung werden, daß der Erziehungsurlaub im Rahmen der zulässigen Höchstdauer insgesamt dreimal in Anspruch genommen werden kann, wobei die Berechtigten wechseln dürfen.

Fazit: Arbeitsdispositionen und Arbeitsplatz-Organisation können erschwert, wenn nicht gar lang- und mittelfristig unmöglich werden. Da verwaist mal der, mal jener Arbeitsplatz; in „einem

Stück" ununterbrochen drei Jahre lang oder in dreimaligen Intervallen – der Unternehmer weiß es nicht und muß sich auf manche Überraschung gefaßt machen.

Irgendwie muß ja die Arbeit weitergehen, also muß in den meisten Fällen ein verwaister Arbeitsplatz mit einer Ersatzkraft besetzt werden, die sich vielleicht erst eine gewisse Zeit lang „einarbeiten" muß und die weiß, daß sie nur einen befristeten Arbeitsvertrag in der Tasche hat. Es ist auch durchaus realistisch anzunehmen, daß in vielen Fällen die Einstellung einer Ersatzkraft nicht möglich ist; zum Beispiel dann, wenn es sich bei den Anspruchsberechtigten um qualifizierte Arbeitskräfte handelt, die für die Dauer des Erziehungsurlaubs nicht im Unternehmen selbst, am wenigsten in mittelständischen Betrieben, temporär ersetzt, und für die auch auf dem Arbeitsmarkt schwer oder keine Ersatzkräfte mit befristeten Arbeitsverträgen gefunden werden können.

Schon ist zu hören, daß manche jungen Frauen ihre Kinder-„Planungen" geschickt mit dem Gesetz abstimmen. Eine junge Frau machte in Kreisen von Kolleginnen diese Rechnung auf: Erstes Kind – Drei Jahre Erziehungsurlaub – Ein „bißchen" auf dem freigehaltenen Platz arbeiten – Zweites Kind – Drei Jahre Erziehungsurlaub – Ein „bißchen" auf dem freigehaltenen Platz arbeiten ....

Das kann doch wohl auf Dauer nicht angehen! Oder doch? Und wer bleibt auf der Strecke?

Die Maschen des sozialen Netzes werden immer dichter. Es könnte nicht mehr lange dauern, und mancher Arbeitgeber wird von diesem Netz erstickt.

Steigende Belastungen durch Fehlzeiten

Die Seuche Absentia

Es hat sich bis zu Politikern durchgesprochen: Besonders nach der Einführung der Lohnfortzahlung im Jahre 1969 für alle Arbeitnehmer belasten Fehlzeiten durch Krankheit, Unfälle, Kuren, aus persönlichen Gründen, aber auch durch betrügerisch vorgetäuschte Erkrankung oder durch unentschuldigtes Fernbleiben von der Arbeit (das dann vielleicht im nachhinein mit fadenscheinigen oder erlogenen Behauptungen „gerechtfertigt" wird) die Wirtschaft insgesamt und mittelständische Unternehmen im besonderen.

Nach einer vom Institut der deutschen Wirtschaft veröffentlichten OECD-Statistik stand Deutschland von den europäischen Ländern ohne Selbstbeteiligung der Patienten an Krankheits-Kosten (außer bei bestimmten Arzneimitteln und bei Zahnersatz) 1989 mit den Leistungen bei Krankheit in Prozent der Wirtschaftsleistung an der Spitze:

Deutschland	8,2 Prozent	Großbritannien	5,9 Prozent
Italien	7,0 Prozent	Griechenland	5,3 Prozent
Spanien	6,0 Prozent		

In einer vom selben Institut 1991 vorgelegten, wissenschaftlich fundierten Bilanz über Fehlzeiten nach 20 Jahren Lohnfortzahlungsgesetz wird anhand von Fakten bewiesen, daß für viele Unternehmen der Ausfall an Arbeitszeit beträchtlich ist und daß die Fehlzeiten den Arbeitsablauf empfindlich stören, das Betriebsklima belasten und die Rentabilität des Unternehmens beeinträchtigen können. [94]

Nach den Feststellungen der Autoren betragen die Fehlzeiten je nach Wirtschaftsbereich zwischen 5,3 und 11,2 Prozent der vertraglichen Jahresarbeitszeit. Das bedeutet einen Ausfall von 90 bis 190 Stunden oder von 12 bis 25 Tagen. Dadurch ausgelöste Störungen im Arbeitsablauf, die sich zumeist in mittelständischen Unternehmen eher und stärker bemerkbar machen als zum Beispiel in großen Industriebetrieben, verursachen große Einbußen von Erlösen zusätzlich zu den Kosten für die (zumeist auf sechs Wochen begrenzte) Fortzahlung des Arbeitsentgelts einschließlich aller Personalzusatzkosten.

Salowsky und Zipfel berichten, daß die Betriebe gegenwärtig 345 Milliarden DM im Jahr für die Entgeltfortzahlung aufwenden müssen. Sie weisen auch darauf hin, daß die Bundesrepublik Deutschland (in der Studie auf die alten Bundesländer bezogen) mit einer Fehlzeitenquote von 8,5 Prozent verglichen mit anderen Industrienationen in der oberen Hälfte liegt. Die höchste Quote verzeichnet Schweden mit 12,8 Prozent; die niedrigste Japan mit 1,8 Prozent.

Ein internationaler Vergleich der Jahresarbeitszeit und der Fehlzeiten in der Verarbeitenden Industrie aus dem Jahr 1990 ergibt folgendes Bild:

	Jahresarbeitszeit	Fehlzeiten
Schweden	1.800	210
Norwegen	1.725	178
Niederlande	1.700	155
Deutschland (alte Bundesländer)	1.651	145
Frankreich	1.755	144
Italien	1.758	143
Österreich	1.714	119
Großbritannien	1.754	119
Belgien	1.748	117
Schweiz	1.877	104
Dänemark	1.680	101
USA	1.904	57
Japan	2.201	36

Eine Umfrage des Instituts der deutschen Wirtschaft ergab für das Jahr 1988 in der Bundesrepublik Deutschland Fehlzeiten je Arbeitnehmer nach Wirtschaftsbereichen in Prozent der Soll-Arbeitszeit: [95]

Energieversorgung	6,9
Gewinnung und Verarbeitung von Steinen und Erden, Baugewerbe	10,1
Chemie und Pharmazeutische Industrie	8,6
Glas-Industrie	7,0
Mineralölverarbeitung	5,8

Gummiverarbeitung	11,2
Eisen- und Stahlerzeugung	9,5
Stahl-, Maschinen-, Schiff- und Luftfahrzeugbau	7,3
Straßenfahrzeuge und Zubehörteile	9,2
Sonstige Metallindustrie	8,4
Elektrotechnik	7,6
Holzbe- und verarbeitung	9,3
Papiererzeugung und -verarbeitung	8,5
Textil und Bekleidung, Lederindustrie	8,1
Nahrungs- und Genußmittel-Industrie	7,1
Groß- und Einzelhandel, Versand	5,6
Kreditgewerbe	5,3
Versicherungsgewerbe	5,6
Sonstige Dienstleistungen	5,8

Für den Mittelstand besonders interessant ist das Ergebnis einer Umfrage des Rheinisch-Westfälischen Handwerkerbundes über Fehlzeiten je Arbeitnehmer nach Handwerksgruppen in Prozent der Soll-Arbeitszeit 1988:[96]

Bauhauptgewerbe	6,4
Ausbaugewerbe	4,5
Handwerk für gewerblichen Bedarf	4,5
Kraftfahrzeughandwerk	4,0
Nahrungsmittelgewerbe	4,3
Dienstleistungshandwerk	5,1
Handwerk für gehobenen Bedarf	4,5
Bekleidungshandwerk	2,1

Der Bundesminister Carl-Dieter Spranger (CSU) wies im Sommer 1992 in einem Gespräch mit Journalisten auf Überlegungen in der CSU zur Reduzierung der Freizeit von Arbeitnehmern in Deutschland hin. Angesichts der notwendigen Stärkung der Wirtschaftskraft Deutschlands dürften die Freizeitansprüche vieler Deutscher nicht mehr länger als „heilige Kuh" betrachtet werden. Über weniger Urlaub oder auch über weniger Feiertage sollte man diskutieren, meinte Spranger.

Das Institut der Deutschen Wirtschaft hat festgestellt, daß die Spannweite der gesetzlich und tarifvertraglich geregelten arbeitsfreien Zeit für Industriearbeiter, also von Urlaub und bezahlten Feiertagen, die 1991 nicht auf einen Sonntag fielen, in Europa von 28 Tagen (Urlaub 20, Feiertage 8) in Irland bis zu maximal 42 bezahlten freien Tagen (Urlaub 30, Feiertage 12) in Deutschland reicht.

Trotz aller nachteiligen, auch schädlichen Folgen großer Fehlzeiten, dürfte es wohl kaum Unternehmer geben, die tatsächlich Kranken, die durch entsprechendes Verhalten und durch aktives Mitwirken auch noch zu ihrer schnellen Genesung beitragen, Vorwürfe machen. Das besorgniserregende Problem stellt der Mißbrauch der Lohnfortzahlung und der Verstoß gegen das Prinzip von Treu und Glauben durch Scheinkranke dar, die sich entweder mit Hilfe unredlich beschaffter Arbeitsunfähigkeits-Bescheinigungen oder böswilliger Ausnutzung der Möglichkeit, zum Beispiel für die ersten zwei Tage einer Krankheit dem Arbeitgeber keine solche Bescheinigung vorlegen zu müssen, zusätzliche Urlaubs- oder Bummeltage oder indirekte Gehaltsaufbesserungen erschleichen. In manchem Gespräch unter Kollegen brüsten sich „erfahrene" dieser Bummelanten: Wenn der Boß mir „zu wenig" Salär zahlt, muß ich eben 'ne Menge über zusätzliche Freitage 'reinholen. – Arbeitsmoral ade!?

Eine Seuche grassiert: Der Absentismus oder die Absentia. Bernward Franke nannte die Seuche in den Wirtschafts-Nachrichten (Nr. 10/91) unmißverständlich beim deutschen Namen: Eine Krankheit, die da Faulheit heißt. Für das epidemische Auftreten dieser Seuche gibt es zeitliche Schwerpunkte: Den Freitag und den Montag. Bei einer Umfrage des Instituts der Deutschen Wirtschaft gaben 380 Unternehmen in den alten Bundesländern an, an welchen Wochentagen die meisten Arbeitnehmer fehlen:

Freitag	109
Montag	91
Dienstag	29
Mittwoch	19
Donnerstag	47

Prof. Dr. Eberhard Hamer vom Mittelstandsinstitut Niedersachsen in Hannover und vom Deutschen Institut für Mittelstandsökonomie in Magdeburg schloß im Frühjahr 1992 eine Untersuchung mit dem aussagekräftigen Titel „Volkssport Krankfeiern" ab. Hamer kommt nach gründlichen Recherchen zu dem Schluß, daß rund ein Drittel aller von Ärzten „arbeitsunfähig" krank geschriebenen Arbeitnehmer Simulanten sind, und daß „Blaumachen" heutzutage zum guten Ton gehört. Das Nachrichtenmagazin „Der Spiegel" nannte das „Blaumachen" sogar einen Volkssport.

Nach Berechnungen Hamers kosten die dem Bummelantentum verfallenen Scheinkranken die deutsche Wirtschaft etwa 12 Milliarden DM jährlich an Lohnfortzahlungen; dazu kommen über 18 Milliarden an Personalzusatzkosten. Das heißt: Die Seuche Absentia verursacht allein im Bereich Personalkosten Schäden in Höhe von mehr als 30 Milliarden Mark.

Hamer stellt in seiner Studie etliche Symptome der Seuche Absentia dar:

Unkündbarkeit im Beruf macht offensichtlich für kurzfristige „Krankheiten" besonders anfällig. Dies zeige sich vor allem bei Mitarbeitern im Öffentlichen Dienst, besonders bei Lehrern, die häufiger von derartigen „Erkrankungen" heimgesucht werden als Angestellte und Arbeiter in der freien Wirtschaft. Etwa 30 Prozent aller von Hamer und seinen Mitarbeitern interviewten Beamten, Arbeiter und Angestellter machen regelmäßig blau, und zwar durchschnittlich fünf bis zwölf Tage im Jahr. Rund die Hälfte aller „Arbeitsunfähigkeiten" dauert höchstens eine Woche. Nur 6 Prozent aller Arbeitnehmer sind länger als sechs Wochen krank geschrieben und erhalten dann Krankengeld. Besonders auffällig ist die Zahl der Kurz-„Erkrankungen" an Freitagen und Montagen. Unter ausländischen Arbeitnehmern bricht während ihres Heimaturlaubs eine Massenepidemie aus; bei 11,9 Prozent aller Gastarbeiter ist das der Fall. Nach Hamers Feststellung meldet sich von den Italienern ein Viertel aus dem Heimaturlaub „krank", und zwar meist kurz vor dessen Ende.[97]

Eine Entscheidung des Europäischen Gerichtshofes (EuGH) im Jahre 1992 läßt befürchten, daß die Arbeitgeber in Europa Mißbräuchen des sozialen Netzes durch die der Seuche Absentia verfallenen Arbeitnehmer nahezu ohnmächtig ausgeliefert sind. Die zitierte Entscheidung des EuGH „verpflichtet“ Arbeitgeber, Arbeitsunfähigkeits-Bescheinigungen aus einem anderen Mitgliedsland der Europäischen Gemeinschaft auch dann anzuerkennen, wenn der Verdacht besteht, daß es sich um ein Gefälligkeitsattest handelt.

Der Fall: Vier Mitglieder einer italienischen Familie, bei demselben deutschen Arbeitgeber beschäftigt, waren zum wiederholten Male gemeinsam während ihres Heimaturlaubs für mehrere Wochen „erkrankt“. Schließlich verweigerte der Arbeitgeber wegen Verdachts des Mißbrauchs die weitere Lohnfortzahlung. Gewiß zu Recht. Doch der Europäische Gerichtshof entschied unter Außerachtlassung des Einzelfalls, daß der Arbeitgeber in Deutschland grundsätzlich zur Lohnfortzahlung verpflichtet sei. Das Gericht verstieg sich zu der völlig realitätsfernen Feststellung, der Arbeitgeber in Deutschland könne ja die von einem italienischen Arzt ausgestellte Arbeitsunfähigkeits-Bescheinigung (für die ganze Familie!) überprüfen lassen. Wahrhaftig ein absurdes Theater.[98]

Seuchen müssen bekämpft werden. Die Seuche Absentia auch im Interesse der vielen arbeitsamen und ehrlichen Arbeitnehmer, für die das Wort „Arbeitsmoral“ kein leerer, verstaubter Begriff ist, und die sich nicht mit unlauteren Mitteln zusätzliche Urlaubstage erschleichen. Die Bekämpfung muß schnell und rigoros damit beginnen, die Anzeige- und Nachweispflicht der Arbeitnehmer zu verschärfen; strengere Anforderungen und Kontrollen beim Ausstellen von Arbeitsunfähigkeits-Bescheinigungen durch die Ärzte einzuführen sowie die Kontrollfunktionen und Kontrollbefugnisse von Krankenkassen und des Vertrauensärztlichen Dienstes auch gegenüber Ärzten zu verstärken.

Schäden durch Schwarzarbeit

Fehltage werden von manchen Arbeitnehmern auch genutzt, um einen „Nebenherverdienst brutto für netto" durch Schwarzarbeit einzunehmen. Bezahlte Schwarzarbeit, die von vielen – in jedem Fall selbstverständlich ohne Steuerkarte, ohne Zahlung von Sozialversicherungsbeiträgen – auch an Wochenenden, während des Urlaubs oder während der bezahlten Arbeitslosigkeit ausgeübt wird, fügt sowohl der gesamten Volkswirtschaft als auch den fleißigen und ehrlichen Arbeitnehmern erheblichen Schaden zu. Einer Meldung der Deutschen Presse-Agentur (dpa) von Anfang Juli 1992 ist zu entnehmen, daß durch Schwarzarbeit allein den deutschen Sozialversicherungen und dem Fiskus jährlich ein Schaden von rund 50 Milliarden – in Worten: Fünfzig Milliarden! – DM zugefügt wird. Selbstverständlich soll bezahlte Schwarzarbeit in jeder Form als eine Art gemeinschaftsschädigenden Verhaltens nicht gerechtfertigt geschweige denn akzeptiert werden. Es sollte jedoch nicht übersehen werden, daß Schwarzarbeit nicht nur mit einem fortschreitenden Wertewandel in unserer Gesellschaft, sondern auch damit zu erklären ist, daß stetige Anhebungen der Sozialkosten und steigende Steuer- und Abgabenbelastungen den Trend zu Schwarzarbeit und Schattenwirtschaft verstärken. Mit dem am 1. Januar 1992 eingeführten Sozialversicherungsausweis oder anderen bürokratischen Formalien ist die Schwarzarbeit kaum zu bekämpfen.

Kurze Zeit nach Einführung des Sozialversicherungsausweises gab es die ersten Hinweise darauf, daß dieses Dokument nicht fälschungssicher ist, daß sich für Falsifikate ein Schwarzmarkt gebildet hat, und daß es kein Problem ist, ganz offiziell einen zweiten Ausweis zu bekommen, wenn der erste als verlorengegangen gemeldet wurde.

Mit dem Sozialversicherungsausweis wird allenfalls an Symptomen der Schattenwirtschaft herumgedoktert, anstatt deren eigentlichen Ursachen, die Steuer- und Abgabenexplosion, zu beseitigen. Ist der Sozialversicherungsausweis, mit dem Schattenwirtschaft, also Schwarzarbeit und illegale Beschäftigung, bekämpft, eingedämmt und verhindert werden soll, nichts anderes als eine Kapitulationsurkunde? Oder gar ein viel bürokratischen Aufwand und hohe Kosten verursachender fauler Zauber mit dem Ergebnis: Außer Spesen nichts gewesen?

Das heikle Thema „Bildungsurlaub"

Fehlzeiten, die vor allem bei kleinen und mittleren Unternehmen kräftig zu Buche schlagen können, entstehen auch durch das „Nehmen" von Bildungsurlaub für Veranstaltungen (Seminare), die zwar der staatsbürgerlichen politischen Bildung dienen mögen, in den allermeisten Fällen jedoch mit der beruflichen Fortbildung der Arbeitnehmer oder mit spezifischen Problemen der Unternehmen nichts oder wenig zu tun haben. Berufliche Weiterbildung wird wohl von den meisten Unternehmen im Rahmen ihrer Möglichkeiten gefördert. Am 1. April 1993 trat in Rheinland-Pfalz das Landesgesetz über die Freistellung von Arbeitnehmerinnen und Arbeitnehmern für Zwecke der Weiterbildung (Bildungsfreistellungsgesetz – BFG) in Kraft. Danach haben Arbeitnehmer in der Wirtschaft (u. a. auch in Heimarbeit Beschäftigte) und im Öffentlichen Dienst, Beamte und Richter, Anspruch auf zehn bezahlte Arbeitstage „Bildungsfreistellung" für jeden Zeitraum zweier aufeinanderfolgender Kalenderjahre zur „beruflichen oder gesellschaftspolitischen Weiterbildung". Der nach diesem Gesetz bestehende Anspruch auf „Bildungsfreistellung" ist nach § 4 Abs. 1 ein Mindestanspruch. Andere Rechts- oder Verwaltungsvorschriften, tarifvertragliche Regelungen oder betriebliche Vereinbarungen bleiben davon unberührt. Lehrlinge haben Anspruch auf drei Arbeitstage „Bildungsfreistellung" während der gesamten Berufsausbildung zur Teilnahme an „Veranstaltungen der gesellschaftspolitischen Weiterbildung ... wenn dadurch das Ausbildungsziel nicht gefährdet wird". Arbeitgeber können zwar die „Bildungsfreistellung" für den vom Antragsteller vorgesehenen Zeitraum ablehnen, wenn zwingende betriebliche oder dienstliche Belange entgegenstehen. In diesen Fällen wird der Anspruch auf den nächsten Zweijahreszeitraum übertragen. Eine nochmalige Ablehnung ist dann nicht möglich. Die Arbeitnehmer können ihre „Freistellungstage" auch „ansparen". §5 Abs. 4 des rheinland-pfälzischen BFG legt nämlich fest: „Im übrigen kann eine im laufenden Zweijahreszeitraum nicht erfolgte Bildungsfreistellung im Einvernehmen mit dem Arbeitgeber auf den nächsten Zweijahreszeitraum übertragen werden." Nicht mehr als ein Trostpflästerchen ist die im Gesetz enthaltene Soll-Regelung, nach der der Anspruch auf „Bildungfreistellung" nicht besteht, wenn der Arbeitgeber in der Regel nicht mehr als fünf Personen ständig beschäftigt. In diesen Fällen soll „unter Berücksichtigung der betrieblichen oder dienstlichen Belange Bildungsfreistellung gewährt werden"; sowie der zugesichterte Ausgleich für Klein- und Mittelbetriebe, die in der Regel weniger als 50 Personen ständig beschäftigen. Diese Unternehmen sollen „auf Antrag nach Maßgabe des Landeshaushalts einen pauschalierten Anteil des für den Zeitraum der Bildungsfreistellung fortzuzahlenden Arbeitsentgelts" erhalten können.

Mit einer landesweiten Informationskampagne in Nordrhein-Westfalen haben der Deutsche Gewerkschaftsbund (DGB), die Volkshochschulen in diesem Bundesland und die nordrhein-westfälische gewerkschaftsnahe Arbeitsgemeinschaft „Arbeit und Leben" im Spätsommer und Herbst 1992 eine Kampagne gegen angebliche von Arbeitgebern bereitete Blockaden des „Rechtsanspruchs auf fünf Tage Bildungsurlaub pro Jahr" organisiert. Unter dem Motto „5 Tage, die den Kopf verändern" sollten die Arbeitnehmer angehalten werden, den ihnen zustehenden Bildungsurlaub auch tatsächlich in Anspruch zu nehmen.

Auf Kosten der Fleißigen

Nicht nur die Schwarzarbeit ist ein Krankheitssymptom. Auch das „Leben auf Kosten der dummen Fleißigen", dem zahlreiche Arbeitslose – tatsächlich Arbeitslose und Schein-Arbeitslose – frönen, macht deutlich, daß in unserem „Versorgungssystem" der Wurm ist. Prof. Dr. Eberhard Hamer hat in seinen Forschungen festgestellt, daß mehr als ein Drittel der Arbeitslosen überhaupt nicht an Arbeit, sondern ausschließlich an – großzügig gewährten – Sozialleistungen der formalen Arbeitslosigkeit interessiert ist, und „sich mit allen Tricks vor der Annahme von Arbeit drückt". Hamer nennt die Krankheit: Ein „gütiges Sozialrecht" habe solche Drückebergerei durch weltfremde „Zumutbarkeitsregeln" und andere Schutzmaßnahmen so erleichtert, daß sich inzwischen „Hunderttausende von Aussteigern über die fleißigen Arbeitnehmer lustig machen". Hamer weist auf die deutlich erkennbare Tendenz hin, daß es neben den echten Arbeitslosen inzwischen „Scheinarbeitslose in Armeestärke" gibt, die zwar „leistungswillige Arbeitnehmer verachten, sich aber vorsätzlich auf deren Kosten aushalten lassen".[99]

Irrwege in der Tarifpolitik

Arbeitsplätze gehen verloren

Zum Jahreswechsel 1991/92 warnte der Präsident des Deutschen Industrie- und Handelstages, Hans-Peter Stihl: Einen so großen „Schluck aus der Lohnpulle" wie 1991 dürfe es im Jahre 1992 nicht wieder geben. Damit provozierten die Gewerkschaften das Ende des langjährigen Wirtschaftswachstums, gefährdeten auf Dauer Arbeitsplätze und Wohlstand. Stihls Mahnung prallte an der von den Gewerkschaften errichteten Festungsmauer ab.

Das Mitglied des DGB-Bundesvorstandes, Michael Greuenich, konterte: Die Lohnforderungen der Gewerkschaften stünden auf einem „soliden Fundament", behauptete er dreist und „begründete" die gewerkschaftlichen Lohnforderungen damit, daß es 1991 einen spürbaren Kaufkraftverlust für die Arbeitnehmer gegeben habe und diese „unter dem Strich" wegen der Erhöhung von Verbrauchssteuern und aufgrund des Preisanstiegs Kaufkraft verloren hätten. Der DGB-Obere machte dann die klassenkämpferische Rechnung für die alten Bundesländer auf, nach der eine Lohnerhöhung „mit einer Vier vor dem Komma" weitere massive Kaufkraft-Einbußen für die Beschäftigten und „hochschnellende Gewinne" (!) für die Unternehmer bedeuten.

Die Rezession steht dann „um die Ecke", wenn langdauernde Arbeitskämpfe geführt werden und wenn „mit der Brechstange Tarifabschlüsse durchgesetzt würden, die zur gesamtwirtschaftlichen Lage nicht passen. Einen „lohnpolitischen Kurs der Unvernunft" nannte diese Entwicklung der Präsident des Zentralverbandes des Deutschen Handwerks (ZDH), Heribert Späth. Der ZDH-Präsident sah die Tarifpolitik Anfang 1992 in der „höchsten Alarmstufe", die „eigentlich" eine Null-Runde zwingend erforderlich mache. Die zweite große Gefährdung der Wirtschaftsstabilität und Konjunkturpolitik sah der ZDH-Präsident in der „ausufernden Finanz- und Haushaltspolitik" der öffentlichen Hand.[100]

Das HWWA-Institut für Wirtschaftsforschung Hamburg teilte im Sommer 1992 mit, daß die starken Lohnerhöhungen im Jahre 1991 bei abgeschwächter Entwicklung der Produktivität die Lohnstückkosten erheblich in die Höhe getrieben hätten. Die Lohnrunde im Jahre 1992 führe erneut zu einem kräftigen Anstieg, konstatierte das Institut. Überdurchschnittlich haben sich überwiegend durch angestiegene Löhne Dienstleistungen verteuert.

Der Direktor am Institut für Weltwirtschaft in Kiel, Harmen Lehment, prognostiziert „negative Beschäftigungsimpulse" für die Jahre 1992 und 1993. Lehment geht davon aus, daß der Zuwachs des Volkseinkommens in diesen Jahren bei nominal etwa 3 bis 3,5 Prozent liegt. Bei einem jahresdurchschnittlichen Lohnzuwachs von 5,5 bis 6 Prozent im Jahre 1992 und von 4 bis 4,5 Prozent im Jahr 1993, würde sich somit in beiden Jahren ein negativer Beschäftigungsimpuls ergeben, weil der Lohnzuwachs höher als der Anstieg des Volkseinkommens ist. Lehment schätzt aufgrund bisheriger Erfahrungen, daß dieser negative Beschäftigungsimpuls in den Jahren 1992 und 1993 zu einem Verlust von rund 500.000 Arbeitsplätzen führen könnte, der schwerpunktmäßig in den Jahren 1993 und 1994 wirksam wird. Sollte ein Verlust von Arbeitsplätzen vermieden werden, so müßte der Lohnanstieg nach Lehments Berechnungen im Jahresdurchschnitt 1992 auf 4,5 bis 5 Prozent begrenzt werden.[101] Ähnlich argumentierte Prof. Dr. Wolf Schäfer vom Institut für Theoretische Volkswirtschaftslehre der Universität der Bundeswehr in Hamburg. Schäfer sieht die einzige Chance dafür, rentable Arbeitsplätze zu erhalten und neue Arbeitsplätze zu schaffen darin, daß die Reallöhne hinter der Produktivitätsentwicklung zurückbleiben.[102] Im April 1992 riefen die fünf führenden Konjunkturforschungsinstitute in Deutschland zur sofortigen Umkehr in der Lohnpolitik auf. Daraufhin meldete sich erneut der Deutsche Gewerkschaftsbund (DGB) durch sein Vorstandsmitglied Michael Greuenich zu Wort, der lauthals verkündete, wegen der (angeblich) ausgezeichneten Gewinnlage sei die Wirtschaft in den alten Bundesländern „robust".[103]

Mitte 1992 wurden Daten aus einer Umfrage des Forschungsinstituts FORSA bekannt, die belegen, daß in nächster Zeit immer weniger Unternehmen bereit und in der Lage sind, zusätzliche Arbeitsplätze zu schaffen. Lediglich 18 Prozent der Betriebe in den alten Bundesländern und 24 Prozent der Betriebe in den neuen Bundesländern wollen neue Arbeitsplätze schaffen. In der Umfrage wurde deutlich, daß sich die „Verweigerer" bei ihren Entscheidungen vor allem davon bestimmen lassen, die Erhaltung des Unternehmens und die Sicherung der vorhandenen Arbeitsplätze zu ermöglichen.[104]

Im Juli 1992 wurde berichtet, daß die chemische Industrie in den alten Bundesländern stagniert. Der Umsatz war im ersten Halbjahr 1992 mit geschätzten 86 Milliarden Mark nur noch so hoch, wie im Jahr zuvor. Das wird vom Verband der Chemischen Industrie als „insgesamt unbefriedigend" bezeichnet. Alarmierender ist die Information, daß die chemische Industrie in den alten Bundesländern 1992 erstmals seit acht Jahren ihre Beschäftigtenzahl verringern mußte. Diese ging von etwa 600.000 auf 588.000 zurück. Auch in den neuen Bundesländern wurde die Beschäftigtenzahl auf nunmehr 78.800 verringert.

Auch in anderen Wirtschaftsbranchen hält die Tendenz zum Abbau von Arbeitsplätzen unvermindert an. Die wirtschaftliche Lage hat sich erheblich verschlechtert. 1993 wird als ein Jahr der Rezession in die wirtschaftliche Bilanz Deutschlands eingehen.

Arbeitskampf als Klassenkampf

Die Gewerkschaften betreiben kräftige „antikapitalistische" klassenkämpferische Nebelwerferei, wenn sie von Gewinn-Explosionen (in den alten Bundesländern) schwätzen. Und sie „vergessen", daß Gewinne für die Erhaltung des Produktivkapitals und für Investitionen zur Erhaltung der gesamtwirtschaftlichen Stabilität, zur Erhaltung und Vermehrung von Arbeitsplätzen, zur Bewahrung des allgemeinen Wohlstandes und somit letztlich zur Erhaltung der Sozialen Marktwirtschaft erforderlich sind und eingesetzt werden – wenn wir nicht in die (semi-)sozialistische Planwirtschaft schlittern wollen (oder träumen einige Gewerkschaftsführer schon von der Verwirklichung des „Neuen Sozialismus"?).

Mehr Lohn – kürzere Arbeitszeit

In Gewerkschaften und bei vielen Arbeitnehmern ist das Verlangen nach Verkürzung der wöchentlichen Arbeitszeit ungebrochen; bei gleichem oder gar höherem Arbeitsentgelt, versteht sich. Doch diese Rechnung kann auf die Dauer nicht aufgehen. Die Parole „Mehr Lohn bei immer weniger Arbeit" ist blödsinnig und wirklichkeitsfern. Dabei ist einerseits genug Arbeit vorhanden, andererseits gibt es immer weniger Fachkräfte, die für gute Arbeit auch guten Lohn erhalten.

Mit drastischen Sparvorschlägen für den Personalbereich und konsequenten Maßnahmen zur Verbesserung der Erlöse reagierte die Deutsche Lufthansa im Juli 1992 auf steigende Verlustzahlen. Bemerkenswert war die vom Vorstand offensichtlich in Absprache mit den Gewerkschaften beschlossene Schock-Therapie im Personalbereich.

Im August 1992 einigte sich der Vorstand der Lufthansa mit der Deutschen Angestellten-Gewerkschaft (DAG) und der DGB-Gewerkschaft ÖTV auf Einsparungen im Personalbereich in Höhe von 500 Millionen DM – durch Verzicht auf Gehaltserhöhungen ab 1. Oktober 1992 für 12 Monate (Einsparungen 200 Millionen DM); durch zahlreiche Einzelmaßnahmen bei der Gehalts- und Arbeitszeitstruktur, vor allem durch längere Arbeitszeiten (Einsparungen 200 Millionen DM); sowie durch Verringerung der Zahl an Arbeitsplätzen ohne Entlassung – 1992 über 1.800, 1993 und 1994 jeweils 3.000 – (Einsparungen 100 Millionen DM).

Zwar wurden nicht alle vom Lufthansa-Vorstand geplanten Sparmaßnahmen im Personalbereich (zum Beispiel ein befristeter Verzicht auf ein 13. Monatsgehalt) von den Gewerkschaften akzeptiert. Doch reichen die Bedeutung und die Konsequenzen der Verhandlungsergebnisse weit über den Bereich der Lufthansa hinaus. Mit Erfolg wurden verkrustete Tarifstrukturen aufgebrochen. Wirtschaftliche und arbeitsmarktpolitische Erwägungen und Zielsetzungen setzten sich gegen Funktionärsdenken durch.

Die Geschäftsführende Präsidentin des Bundes der Selbständigen/Deutscher Gewerbeverband, Siglind Wanschka, schrieb zum Thema „Arbeitszeit": „In puncto Arbeitszeit sind wir auf dem gefährlichen Irrweg in eine Zweiklassengesellschaft. Die einen streben nach der 35-Stunden-Woche, die anderen, vor allem die Selbständigen, arbeiten bis zu 70 Stunden." [105] Recht hat sie!

Gefahr durch ideologisierte Streiks

In Artikel 9 des Grundgesetzes wird im Absatz 3 Satz 3 das Streikrecht als Mittel des Arbeitskampfes anerkannt. Daran rütteln zu wollen wäre nicht nur absurd, sondern auch ein Infragestellen unserer freiheitlichen demokratischen Grundordnung. Doch diese Frage muß erlaubt sein: Sind Streiks, so wie wir sie zum Beispiel im Frühjahr 1992 erleben und durchstehen mußten, und die sich letztlich gegen alle Bürger, gegen den Bestand unseres Wirtschafts- und Sozialsystems richten, noch ertragbar?

Typisch für die Erhaltung überholter, anachronistischer klassenkämpferischer, marxistisch-sozialistischer Positionen in Gewerkschaften sind Äußerungen von Gewerkschaftsführern anläßlich des Streiks im Öffentlichen Dienst Deutschlands 1992. Monika Wulf-Mathies, die Chefin der Gewerkschaft Öffentliche Dienste, Transport und Verkehr (ÖTV) sagte in einem Interview mit der PDS-Zeitung „Neues Deutschland" (2. 5. 1992): „Auseinandersetzungen mit Arbeitgebern, die Durchsetzung von Arbeitnehmer-Interessen sind letztlich Machtfragen, nicht Prozentfragen." Bruno Köbele, Bundesvorsitzender der Industriegewerkschaft Bau-Steine-Erden, sagte, ebenfalls der PDS-Zeitung „Neues Deutschland" (8. 5. 1992): „Sollte die IG Bau-Steine-Erden von den Arbeitgebern gezwungen werden zu streiken, dann wird es sicherlich zu Engpässen und Verzögerungen auch im Wohnungsbau kommen. Aber ein Streik muß weh tun, damit er wirkt."

Die Zeitung der zwar kräftig geschrumpften, jedoch nach wie vor recht aktiven und agilen Deutschen Kommunistischen Partei (DKP), „Unsere Zeit" schrieb im April 1992 unter der Überschrift

„Widerstand von links": „Streik um mehr Geld und für die Demokratie. Die Mitglieder der DGB-Gewerkschaften ÖTV, GdED, Postgewerkschaft, Mitglieder der DAG, des Verbandes der Straßenwärter usw. haben sich für Streik entschieden, haben das Lohn- und Gehaltsdiktat der Gegenseite abgelehnt. Sie sind gefragt worden! Das allein ist schon Demokratie, macht demokratische Atmosphäre von unten in unserem Land aus ... Und wie demokratisch ist die Gegenseite?"[106]

Als Beispiel für die Sowohl-als-auch-Haltung zahlreicher Politiker, Gewerkschaftsführer, Publizisten und anderer Meinungsvermittler erwähne ich Äußerungen des Vorsitzenden der Industriegewerkschaft Druck und Papier bzw. der IG Medien, Detlef Hensche, Mitglied der SPD. Hensche, der viele Jahre sogenannte „sozialistische Errungenschaften" in der DDR für gut, manche gar für nachahmenswert hielt, sprach Ende 1991 im Hinblick auf den untergegangenen SED-Staat von einer „verlorenen Utopie", von „Trauer über die konservative Wende". Hensche räumte ein, daß das „sozialistische Gegenmodell" an dogmatischer Enge und bürokratischer Erstarrung gescheitert sei; daß jedoch deswegen noch lange nicht „die real existierende kapitalistische Wirtschaftsordnung als Endstufe der Menschheitsentwicklung" akzeptiert werden müßte. Am Ziel eines „demokratischen Sozialismus" – was immer Hensche auch darunter verstehen mag – hält der Gewerkschaftsführer unbeirrt fest.

Über die Dreistigkeit mancher Gewerkschaftsfunktionäre kann man sich nur noch wundern. Franz Steinkühler ist sicherlich das jüngste Beispiel für eine verlogene Haltung. Der IG-Metall-Vorsitzende zeichnete sich in der Vergangenheit häufig in besonderem Maße durch ein klassenkämpferisches Vokabular aus und war als Scharfmacher für verschiedene Streiks mitverantwortlich. In seinen Reden propagierte er Gerechtigkeit, Solidarität und Sozialismus, persönlich agierte er aber wie im Manchester-Kapitalismus. Steinkühler nutzte nämlich als Aufsichtsratsmitglied eines großen deutschen Konzerns Insider-Informationen für eigene private Börsenspekulationen, die ansehnliche Gewinne (als Gewerkschafter geißelte er Gewinne als unzulässigen Profit und Lohnraub) für ihn persönlich abwarfen. Dieses Fehlverhalten wurde nun doch bekannt und auf Druck der Öffentlichkeit mußte er im Mai 1993 seinen Gewerkschaftsvorsitz räumen.

In einem Zeitungsinterview forderte der Vorsitzende der CDU/CSU-Bundestagsfraktion, Wolfgang Schäuble, angesichts des härter werdenden internationalen Wettbewerbs und der historisch einmaligen Herausforderungen nach der deutschen Wiedervereinigung die „Gesamtverantwortung der Tarifpartner" in den gegenwärtigen „Verteilungskämpfen". Wolfgang Schäuble hätte die Adressaten deutlich beim Namen nennen sollen. Nicht die Tarifpartner insgesamt, sondern die Gewerkschaften sollten sich bei Tarifauseinandersetzungen, beim Organisieren von Arbeitskämpfen, ihrer Verantwortung für das Ganze, für die Stabilität der Wirtschaft und damit auch unseres Sozialsystems bewußt sein. Die Unternehmer sind sich dessen bewußt. Eindeutiger an die Gewerkschaften war der Wunsch Schäubles gerichtet, daß die „Verantwortlichen nicht glaubten, sie müßten jetzt selbstgeschaffene Erwartungen erfüllen".[107]

In den Tarifverhandlungen für den Öffentlichen Dienst ein Jahr zuvor war der damalige Bundesinnenminister Wolfgang Schäuble jedoch gewerkschaftlichen Forderungen gegenüber selbst zu nachgiebig und hatte damit den Weg für überzogene Tarifforderungen und Tarifabschlüsse freigemacht.

Viele andere Belastungen

Mittelstand gerät ins Hintertreffen

Die Präsidentin der Europäischen Mittelstandsunion EMSU, die CDU-Europabgeordnete Dr. Ursula Braun-Moser, schlug Alarm: Gerade die mittelständische Wirtschaft steht in einem harten Konkurrenzkampf mit Unternehmen, die zum großen Teil, manche fast vollständig , sogenannte ABM-Kräfte beschäftigen. Das sind Arbeitskräfte, die aufgrund von „Arbeitsbeschaffungs-Maßnahmen" eingesetzt werden. Die Kosten übernimmt – über die Bundesanstalt für Arbeit in Nürnberg – die (Steuermittel vergeudende) öffentliche Hand; die Lohnkosten zumeist bis zu 90 Prozent und einige Sachkosten auch noch. Frau Dr. Braun-Moser weist zu Recht darauf hin, daß diese Arbeitsbeschaffungs-Maßnahmen ursprünglich als Brücke zum normalen Beschäftigungsverhältnis gedacht waren und in den alten Bundesländern besonders in der öffentlichen Verwaltung praktiziert wurden.

Doch nun haben sich die ABM in den neuen Bundesländern zu einer Epidemie entwickelt, die mittelständische Unternehmen in Existenzgefahr bringt. Zum Beispiel wurden in Potsdam einem Umweltberatungsunternehmen 20 ABM-Kräfte bewilligt – für die, wie gesagt, der Staat fast vollständig die Lohnkosten übernimmt – während mittelständische Beratungsunternehmen ihre Arbeitskräfte aus der Unternehmens-Schatulle bezahlen müssen. Aufsehenerregend ist der Hinweis von Frau Dr. Braun-Moser, daß die ABM-Tarife so gut ausgestattet sind, daß zum Beispiel ein Handwerker mit einem ABM-Vertrag mehr verdiene als auf dem zur Zeit „leergefegten" Bauarbeitsmarkt.

Es gibt viele Hiobs-Botschaften aus den neuen Bundesländern: Da wird darüber berichtet, daß Rathäuser von ABM-Kräften angestrichen, daß von ihnen Fabrikgebäude entkernt, Schlösser saniert, Kanäle verlegt und Straßen gebaut werden. [108] Das sind alles Aufträge, die mittelständische Unternehmen bekommen könnten – und bekommen sollten, wenn die Worte von Politikern ernst gemeint sein sollten, als einen wichtigen Faktor beim wirtschaftlichen Wiederaufbau in den neuen Bundesländern nach vierzig Jahren

„real existierendem" Sozialismus vor allem auch die Entwicklung des Mittelstandes zu fördern. Bei einer durch nichts zu rechtfertigenden ausufernden Praktizierung von staatlich subventionierten Arbeitsbeschaffungs-Maßnahmen bleiben, nicht nur in den neuen Bundesländern, mittelständische privatwirtschaftliche Unternehmen auf der Strecke.

Deswegen fordert der Mittelstand, daß Betriebe der öffentlichen Hand in ganz Deutschland zukünftig AB-Maßnahmen nicht mehr in Anspruch nehmen können und diese in allen anderen Fällen auf maximal zwei Jahre befristet werden.

Mittelstandsfeindliches Vermittlungsmonopol

Mittelstandsfeindlich ist auch das Vermittlungsmonopol der Bundesanstalt für Arbeit in Nürnberg. Dieses verhindert in Deutschland das Entstehen mittelständischer Unternehmen für Arbeitsvermittlung. Andere Länder haben mit der privaten Arbeitsvermittlung durchaus positive Erfahrungen gesammelt.

Tatsache ist, daß in Deutschland trotz der hohen Zahl von Arbeitslosen immer mehr Arbeitgeber immer seltener geeignete Arbeitskräfte finden. Viele offene Stellen bleiben unbesetzt. Das Vermittlungsmonopol der Bundesanstalt für Arbeit hat nie funktioniert. Nur etwa 23 Prozent aller Beschäftigten fanden ihren Arbeitsplatz über das Arbeitsamt. Bei der Vermittlung von Führungskräften beträgt der Anteil der Bundesanstalt sogar nur 15 Prozent.

Gewerbefreiheit sollte auch für private Arbeitsvermittler in Deutschland – selbstverständlich wie in allen Berufen ausschließlich nur für die seriösen! – gelten. Um den Schutz Arbeitsuchender zu gewährleisten, verlangt die Mittelstandsvereinigung der CDU/CSU bei einer – hoffentlich baldigen – Aufhebung des Vermittlungsmonopols die strikte Beachtung folgender Grundsätze:

- Die Beauftragung zur Personalsuche wird nur durch einen Arbeitgeber erteilt, der in jedem Fall alle Kosten zu tragen hat.
- Die Erteilung des Auftrags und dessen Inhalt sind schriftlich festzuhalten.

- Arbeitgeber dürfen keine Bewerbungsunterlagen entgegennehmen, die von Personalberatern bzw. Arbeitsvermittlern unverlangt, das heißt: ohne Auftragserteilung, überbracht werden.
- Von Arbeitsuchenden dürfen für deren Vermittlung keinerlei Zahlungen verlangt oder angenommen werden.

Die Macht der Banken

Es gibt eine Menge den Mittelstand schädigende, hin und wieder auch gefährdende, oft nicht sofort ins Auge fallende Faktoren. Ein Beispiel für diese „schleichende" Beeinträchtigung der Lebensfähigkeit mittelständischer Unternehmen ist die von Banken vorgenommene Erhöhung der Sollzinsen: Zum Beispiel beim eingeräumten Überziehungskredit auf 15 Prozent, und beim geduldeten Überziehungskredit bis an die 20-Prozent-Marke heran (Stand September 1992). Da kann schon manchem Betrieb die Luft ausgehen.

Der Zentralverband des Deutschen Handwerks (ZDH) warnte im Sommer 1992 davor, daß gerade für die kleineren Unternehmen, die mangels Zugang zu den organisierten Kapitalmärkten auf eine immer teuerer werdende Kreditfinanzierung angewiesen seien, die vom Zentralbankrat beschlossenen geld- und kreditpolitischen Restriktionen nicht nur die Investitionsmöglichkeiten nochmals einschränken, sondern in zunehmendem Maße auch ernsthafte Liquiditätsschwierigkeiten zur Folge haben könnten. Trotz eines „gewissen Verständnisses" des Handwerks für Versuche der Bundesbank, inflationäre Trends zu brechen, vertritt der ZDH die Auffassung, daß es dringend geboten sei, den Konsolidierungskurs der öffentlichen Haushalte fortzusetzen, die „Schattenhaushalte" zurückzuführen und die Ursachen des hohen öffentlichen Kapitalbedarfs und der ausufernden Geldmenge zu beseitigen. [109]

Die ausufernde Markt-Macht der Banken manifestiert sich auch in deren marktbeherrschender Funktion, unter anderem durch vielfältige, oft nicht mehr durchschaubare Beteiligungen an Mammutkonzernen oder in deren Rolle als Initiatoren oder Wegbereiter von voluminösen Fusionen.

Gebührenerhöhungen mit schlimmen Konsequenzen

Ein anderes Beispiel: Der Verband der Lokalpresse /pro Lokalzeitung e.V. wies die von der Deutschen Bundespost/Postdienst Anfang 1993 praktizierten Erhöhungen der Entgelte im Postzeitungsdienst bereits in der Phase der Planung als untragbar zurück. Im Juli 1992 wies der Geschäftsführer des Verbandes, Peter Hoss, besorgt darauf hin, daß in der Praxis die Entgelterhöhungen für Lokalzeitungen bis zu 47 Prozent betragen könnten. Einzelne, zumeist kleine mittelständische Verlage vor allem in strukturschwachen, ländlichen Gebieten, vertreiben 56 bis 91 Prozent ihrer Abonnementsauflage über den Postzeitungsdienst. Sie sind damit existenziell auf diese Vertriebsform angewiesen. Hoss warnte damals: Durch die Gebührenerhöhungen, die zumindest teilweise an die Bezieher weitergegeben werden müßten, könnte es zu Abonnementskündigungen kommen und die dann zu erwartenden Auflageneinbußen könnten etliche Lokalzeitungsverlage „an die Wand drücken".

In der Mitte des Jahres 1993 zeigt sich deutlich, daß ausschließlich die mittelständischen Zeitungs- und (Fach-)Zeitschriften-Verlage durch Entgelterhöhungen im Post- und Postzeitungsdienst unter erheblichen finanziellen Druck geraten. Für Lokalzeitungen hat sich ab Anfang 1993 im Postzeitungsdienst eine Erhöhung der Entgelte um durchschnittlich 30 Prozent ergeben. Für die Zeit von Anfang 1992 bis zum Januar 1993 ergab sich für manche sogar eine Erhöhung bis zu 70 Prozent.

Nunmehr bastelt die Deutsche Bundespost an der Berechnungsgrundlage für die Entgelte im Postzeitungsdienst herum. Es gibt Hinweise, daß die Zeitungen und Zeitschriften mit geringem Umfang (und Gewicht) künftig mit einem höheren Entgelt belegt werden, um auf diese Weise eine „Annäherung" an die Zeitungen und Zeitschriften größeren Umfangs (und Gewichts) und eine „Nivellierung" der Entgelte im Postzeitungsdienst zu erreichen.

Zwar werden derzeit die Entgelte im Postzeitungsdienst nach einem sogenannten Kappungsmodell gesenkt. Dabei gilt, daß die seit

1. Januar 1993 gültige Entgelttabelle bestehen bleibt, je nach Anteil der Postauflage der Zeitungen die Erhöhung gemindert wird. Der Verband der Lokalpresse schreibt zu dieser Regelung: „Für Lokalzeitungen hat diese Regelung zwar die extremen Spitzen der Belastung abgeschnitten, die Hauptbegünstigten jedoch sind die überregionalen Titel".

Der Verband weist auf gutachtliche Stellungnahmen von Medienexperten hin, die eine „Spirale" konstatieren, die für lokale und regionale Zeitungen und für zahlreiche in mittelständischen Verlagen erscheinende Fachzeitschriften bereits bedrohlich ist und immer bedrohlicher wird. Ständige Erhöhung von Herstellungs- und Vertriebskosten, weniger Abonnenten, zunehmendes Ausbleiben großer Anzeigen-Aufträge, notwendig werdende Sparmaßnahmen im redaktionellen Bereich und – möglicherweise daraus resultierend – inhaltliche Veränderungen (weniger Aktualität, weniger Sachgebiete usw.), noch weniger Abonnenten ...[110]

Drastisch fiel auch die Portoerhöhung der Deutschen Bundespost zum 1. April 1993 aus. Das neue „Briefkonzept 2000" gliedert die Sendungen nur noch in die vier Basisprodukte Standardbrief, Kompaktbrief, Großbrief und Maxibrief. Die Konsequenzen sehen wie folgt aus: Das Porto für den DIN-C5-Brief bis 50 g stieg von bisher 1,70 DM auf 3,– DM, Erhöhung 76,5 % (!). Bei der Postkarte erhöhte sich das Porto von 60 Pf auf 80 Pf, Steigerungsrate 33 %. Da die Beförderungsart „Drucksache" mit 60 Pf gänzlich gestrichen und somit zu einem „Brief" mit 1,– DM Porto wurde, bedeutet dies eine Preiserhöhung von 66,7 %. Aus der bisherigen Drucksache im C5-Format bis 50g mit 1,– DM wurde automatisch ein Großbrief mit 3,– DM Gebühr, das bedeutet eine Preissteigerung von 200 Prozent! Bei allem Verständnis für Rationalisierungsmaßnahmen und Tarifanpassungen, so ist dieser Preiswucher, den nur ein Monopolist wie die Deutsche Bundespost durchsetzen kann, nur schärfstens zu verurteilen.

Eine bedrohliche Welle:
Fusionen bringen Mittelstand in Bedrängnis

Konzentrationen blockieren freien Wettbewerb

„Big is beautiful!" – Eine harmlos klingende Parole, vielleicht. Doch dahinter verbirgt sich eine mittelstandsfeindliche Bedrohung. Es gibt immer mehr Unternehmensfusionen; bestehende Großkonzerne werden immer größer ; die „Denver-Clans" werden immer mächtiger und rigoroser. Die vielfach ineinander verknoteten Multi-Gesellschaften haben sich zu „Kombinaten" entwickelt. Die Wettbewerbsfähigkeit mittelständischer Unternehmen wird erheblich eingeschränkt, wenn nicht vollends zunichte gemacht.

Mittelständische Unternehmen, die als Zulieferer für Konzernunternehmen arbeiten, sind zwar formal von diesen unabhängig. In der Praxis entstehen jedoch sehr oft Abhängigkeiten vom Hauptabnehmer, die freie wirtschaftliche, unternehmerische Entscheidungen hemmen und beschränken. Andere mittelständische Unternehmer, zum Beispiel Tankstellenpächter, sind durch „Knebelungsverträge" an „ihren" Konzern gebunden; sie können sich ihren Lieferanten nicht aussuchen. Eine Beschwerung für mittelständische Unternehmen ist auch die Tatsache, daß viele Großunternehmen eigene Handwerksbetriebe (zum Beispiel Tischlerei, Gartengestaltung, Elektrowerkstatt, Druckerei, Gebäudereinigung etc.) unterhalten, wodurch freien Handwerks- und Gewerbebetrieben Aufträge verloren gehen.

Der CDU-Bundestagsabgeordnete Prof. Dr. Winfried Pinger räumt zwar ein, daß heutzutage auf vielen Märkten aufgrund von technischen Erfordernissen und kostensenkenden Produktionsmöglichkeiten große Unternehmen unverzichtbar sind. Andererseits sieht Prof. Pinger die Gefahr, daß sehr große Unternehmen im Gegensatz zu den Grundprinzipien der Sozialen Marktwirtschaft unvertretbare Sonderrollen erlangen und sich fast zu öffentlichten Einrichtungen entwickeln. Kleine Unternehmen gingen still in Konkurs. Wenn dagegen Tausende oder vielleicht gar Zehntausende von Arbeitsplätzen betroffen sind, könnten sich Politiker in der Demokratie den Erhaltungs- und Unterstützungsforderungen kaum noch entziehen. Fazit: „Sehr große Unternehmen bergen nicht nur die Gefahr eines Machtmißbrauchs in der Wirtschaft, sondern besitzen auch gesellschaftspolitische Macht, mit der sie politische Entscheidungen beeinflussen können." Prof. Pinger sieht deswegen in der zunehmenden Konzentration in vielen Bereichen unserer Wirtschaft, vor allem im Handel, nicht nur ein ökonomisches, sondern auch ein gesellschaftspolitisches Problem. [111]

In ihrem 9. Hauptgutachten mit dem Titel „Wettbewerbspolitik und Industriepolitik" hat die Monopolkommission klipp und klar verlangt , daß der Staat lediglich die Rahmenbedingungen der Wirtschaft setzen, sich aber eigener unmittelbarer Aktivitäten in der Wirtschaft enthalten sollte – da der Staat als Unternehmer nicht viel tauge. Die Monopolkommission forderte eine durchgreifende Privatisierung von Staatsunternehmen und staatlichen Dienstleistungen bei Bund, Ländern und Gemeinden. Zielobjekte des Privatisierungsverlangens der Monopolkommission sind unter anderem das gesamte Banken- und Versicherungsgewerbe einschließlich der Sparkassen und Landesbanken, die Lufthansa sowie die Flughafengesellschaften, die Gesellschaft für Nebenbetriebe der Bundesautobahnen, Telekom und die Bundesbahn. Eine Privatisierung der Stromversorger, vor allem RWE und Bayernwerk, wird von der Monopolkommission als wünschenswert angesehen. [112]

Es geht schon lange nicht mehr um die massenhafte Vernichtung von „Tante-Emma-Läden" durch das Entstehen immer neuer Einkaufszentren in Gemeinden und „auf der grünen Wiese". Prof. Dr. Pinger charakterisiert riesige Einkaufszentren und großflächige Einzelhandelsbetriebe außerhalb der zentralen Versorgungsbereiche als weder verbrauchernah noch verbraucherfreundlich. Ausserdem seien sie Gift für die städtebauliche Entwicklung und sind gesellschafts- wie ordnungspolitisch abzulehnen. Da werde die Infrastruktur einer Region nicht modernisiert, sondern es werde eine wettbewerbsfeindliche Marktstruktur auf Dauer zementiert. [113]

Die größten Handelsunternehmen der Lebensmittelbranche hatten 1991 einen Jahresumsatz in Milliarden DM:

Metro-Gruppe, Düsseldorf	35,9 (geschätzt)
Rewe AG, Köln	32,9 (geschätzt)

Aldi-Gruppe, Essen/Mülheim	25,0 (geschätzt)
Edeka-Gruppe, Hamburg	23,1
Tengelmann-Gruppe, Mülheim	20,4
Asko-Gruppe, Saarbrücken	19,0
Karstadt, Essen	18,6
Spar AG, Schenefeld	3,4 (geschätzt)
Lidl & Schwarz, Neckarsulm	8,1
Hertie, Frankfurt/Main	7,2 [114]

Im Mai 1992 übernahm Tengelmann von der Saarbrücker Asko 197 (!) Filialen für Lebensmittelhandel im Rhein-Main-Gebiet und auf diese Weise immerhin 15 Prozent des Marktanteils in dieser Region.

Im Juli 1992 reichte die Metro-Gruppe beim Bundeskartellamt einen Antrag zur Übernahme von mehr als 50 Prozent beim Saarbrücker Handelsunternehmen Asko AG ein. Zur Metro-Gruppe gehören schon jetzt Selbstbedienungswarenhäuser wie Massa, Huma, Suma, Primus Meister und BLV, die Warenhäuser „Kaufhof" sowie die Kaufhäuser „Kaufhalle". Im Nonfood-Bereich kommen hinzu: Technische Kaufhäuser (Saturn-Hansa), Baumärkte, Gartencenter, Möbelmärkte, Textilmärkte, Schuhmärkte (Reno), Unterhaltungselektronik, Medienmärkte, und Computerfachmärkte. Asko unterhält Selbstbedienungswarenhäuser und Verbrauchermärkte (z. B. Basar, real-kauf, Divi, Coop, Depot, Für Sie, Schade), Baumärkte, Gartencenter, Möbelmärkte (Möbel Unger) und Textilmärkte.

Der Gesamtumsatz der Metro-Gruppe mit insgesamt 614 Filialen betrug 1989 28,565 Milliarden DM; der Gesamtumsatz der Asko-Schaper-Coop-Gruppe mit 1.282 Filialen im Jahre 1989 14,749 Milliarden DM.

Selbstverständlich gibt es den Trend zu stetig neuen Fusionen, zu immer stärkeren Konzentrationen nicht nur im Lebensmitteleinzelhandel. Im Mai 1992 stieg Woolworth – Jahresumsatz in Deutschland: 2,9 Milliarden DM – über eine von der Deutschen Bank dominierte Finanzholding beim viertgrößten deutschen Warenhausunternehmen, der Düsseldorfer Horten AG, ein. Die aus dem „Rheinisch Westfälischen Elektrizitätswerk" (RWE) hervorgegangene „RWE Energie AG" befaßt sich längst nicht mehr nur mit Energieversorgung. Der Vorstandsvorsitzende dieses Mammutunternehmens, Friedhelm Gieske, ließ in einem Gespräch mit Journalisten auf die Frage nach dem „eigentlichen" Geschäft der RWE AG, der Energieversorgung, die Katze aus dem Sack: „Stillstand bedeutet Rückschritt, da bewegt sich nichts mehr, das demotiviert die Mitarbeiter. Das heißt nicht: Absage an den Strom. Aber es heißt, realitätsbezogen zu denken und andere Bereiche zu puschen, wo man noch etwas bewegen kann". [115] Das sieht in der Praxis so aus:

100 Prozent Anteil an der Rheinbraun Aktiengesellschaft Köln, an der Reederei und Spedition „Braunkohle" GmbH Wesseling, an der DEA Mineralöl Aktiengesellschaft Hamburg, an der RWE Entsorgung Aktiengesellschaft Essen, an der Starkstrom-Anlagen-Gesellschaft mbH Frankfurt/Main; 99 Prozent Anteil an der RWE-DEA Aktiengesellschaft für Mineraloel und Chemie Hamburg, 62 Prozent an der Rheinelektra AG Mannheim, 57 Prozent an der Heidelberger Druckmaschinen AG Heidelberg (die als Marktführerin in der Welt gilt), 56 Prozent an der HOCHTIEF Aktiengesellschaft vorm. Gebr. Helfmann Essen, 100 Prozent an der MIT Gesellschaft für Management-Beratung, Informationssysteme und Technologie mbH Essen.

Im Juli 1992 beschlossen die Aktionäre der Hoesch AG mit überwältigender Mehrheit die Verschmelzung ihrer Firma mit der Fried. Krupp AG Essen rückwirkend zum 1. Januar 1992.

Die Daimler Benz AG hat ein riesiges Netz von Beteiligungen und Beteiligungsgesellschaften geknüpft. Dazu gehören die Mercedes-Benz-Gesellschaften, die Beteiligungen an der AEG-Gruppe (80,2 Prozent an der AEG Aktiengesellschaft Berlin und Frankfurt/Main, 80,9 Prozent an der AEG Westinghouse Transport-Systeme Beteiligungsgesellschaft mbH Berlin, 100 Prozent an der AEG Schienenfahrzeuge GmbH Berlin, 100 Prozent an der AEG Hausgeräte AG Nürnberg, 100 Prozent an der Telefunken electronic GmbH Heilbronn), an der Deutschen Aerospace Aktiengesellschaft München (83 Prozent), an Messerschmitt-Bölkow-Blohm

GmbH Ottobrunn (82,4 Prozent), an der Deutschen Airbus GmbH Hamburg (80 Prozent), an der Dornier Luftfahrt GmbH Oberpfaffenhofen (100 Prozent), an der Dornier Medizintechnik GmbH München (100 Prozent), an der debis Systemhaus GmbH Stuttgart (100 Prozent), an der Systemhaus GEI-Gesellschaft für Elektronische Informationsverarbeitung mbH Aachen (100 Prozent), an der debis Assekuranz Vermittlungs GmbH Stuttgart (100 Prozent), an der debis Marketing Services GmbH Frankfurt/Main (100 Prozent). Der Geschäftsbericht für 1991 gibt 86 „wichtige Beteiligungsgesellschaften" (Konzerngesellschaften) im In- und Ausland und 14 „Sonstige Beteiligungsgesellschaften" an. Der Umsatz des Daimler-Benz-Konzerns betrug im ersten Halbjahr 1992 46,253 Milliarden DM; 9 Prozent mehr als im gleichen Zeitraum 1991. 74 Prozent des Konzernumsatzes trug der Unternehmensbereich Mercedes-Benz bei, 11 Prozent die AEG-Gruppe, 10 Prozent die Deutsche Aerospace, und 5 Prozent die Daimler-Benz Inter Services (debis).

Die Geschichte eines Schreinermeisters

Doch da gibt es auch die „kleinen", von der Öffentlichkeit kaum wahrgenommenen durch Großunternehmen verursachten Einbrüche im mittelständischen Bereich. Typisch ist die Geschichte eines Schreinermeisters: In seinem Handwerksbetrieb hatte er vor vielen Jahren, gleich nach Beginn der „Do-it-yourself-Bewegung", damit begonnen, nicht nur mit Heimwerkerartikeln zu handeln, sondern auch zur Unterstützung nicht ausreichend geübter und erfahrener Heimwerker handwerkliche „Hilfsdienste" anzubieten. Das Geschäft lief viele Jahre lang gut, die Kunden waren zufrieden und wußten sowohl die Qualität der angebotenen Waren als auch die fachmännische Beratung zu schätzen. Doch dann kam alles anders: In der Stadt etablierte sich erst ein sogenannter „Baumarkt" eines Konzerns; im Laufe der Jahre entstanden in derselben Stadt zwei weitere Filialen desselben Konzerns. Die Wettbewerbsfähigkeit des mittelständischen Handwerksbetriebes ging rapide zurück und nun kommt nur hin und wieder ein Stammkunde, der lieber ein paar Mark mehr bezahlt und dafür nicht nur mit guter Ware, sondern auch mit guten und nützlichen fachmännischen Ratschlägen eines gestandenen Handwerkers versehen wird. Ein Einzelbeispiel? Bestimmt nicht.

Vorteile für die ganz Großen

Thomas Köster befaßte sich 1991 in einem beachtenswerten Aufsatz „Der Mittelstand als Richtpunkt der Ordnungspolitik" unter anderem ausführlich mit der „Welle von Unternehmensfusionen" und wies auf die im Vergleich zu Klein- und Mittelbetrieben wesentlich günstigeren Startchancen für Großbetriebe hin. Köster führte folgende Beispiele an:

- Bei der Finanzierung führt der direkte Zugang der Großbetriebe zum Kapitalmarkt und zu den Euro-Geldmärkten zu einer erheblich niedrigeren Zinsbelastung.
- Im Steuerrecht haben Unternehmen mit ausländischen Tochterfirmen Möglichkeiten zur Verlagerung von Unternehmensgewinnen in Länder mit niedrigerer Unternehmenssteuerbelastung.
- In der Sozialpolitik werden fast alle Soziallasten als Zusatzkosten auf den Lohn gelegt, was die weniger arbeitsintensiven Großbetriebe relativ begünstigt.
- In der Tarifpolitik werden Tarifabschlüsse, die den Großunternehmen einer Region möglich sind, de facto auch für die Klein- und Mittelbetriebe verbindlich, ohne auf deren wirtschaftliche Lage Rücksicht zu nehmen.
- Beim Energiebezug erhalten Großunternehmen Vorzugstarife der Energieversorgungsunternehmen.
- Zu Subventionen der öffentlichen Hand haben Großunternehmen einen viel besseren Zugang als Klein- und Mittelbetriebe. Diese erhalten nur einen verschwindend kleinen Bruchteil öffentlicher Finanzhilfe.
- In der regionalen Wirtschaftsförderung können Klein- und Mittelbetriebe , insbesondere das Handwerk, so gut wie nicht berücksichtigt werden, weil sie die Förderungsgrundsätze nicht erfüllen.

- Bei der Gewerbeansiedlung werden Großbetrieben von kommunalen Stellen bei der Bemessung von Grundstückpreisen und bei der Bereitstellung kommunaler Infrastrukturen Zugeständnisse gemacht, von denen Klein- und Mittelbetriebe noch nicht einmal zu träumen wagen. [116]

Neuer Schwung für die Großen durch Ex-DDR-Kombinate

Höchst aufschlußreich sind Hinweise Kösters, daß einige Kombinate und „Volkseigene Betriebe" der ehemaligen „DDR" Unterschlupf unter den Fittichen westlicher Großunternehmen gefunden haben. Dadurch sei, so folgert Köster zu Recht, die westdeutsche Betriebsgrößenstruktur verfestigt und auf das Gebiet der neuen Bundesländer übertragen worden. „Der Vormarsch der Großbetriebe hat also neuen Schwung bekommen," resümiert der Autor. [117]

Zum gleichen Schluß kam der damalige Präsident des Bundeskartellamtes, Wolfgang Kartte, in einem Zeitungsgespräch im Mai 1992. Er kritisierte die Privatisierungspolitik der Treuhandanstalt, die den Mittelstand in den neuen Bundesländern nicht genügend zum Zuge kommen ließe. Kartte diagnostiziert: „Der Mittelstand hat in der Treuhand keinen Anwalt, niemanden für wettbewerbliche Strukturen." [118]

Auf der 6. Internationalen Kartellkonferenz berichtete Kartte über die generelle Gefährdung des Wettbewerbs in der Welt. Er hob hervor, daß die größten Gegner des Wettbewerbs heute nicht mehr allein die Unternehmen seien, die durch Fusionen oder Kooperationen ihre Marktpositionen verbessern wollten, sondern die nationalen Regierungen. Kartte bemängelte, daß die Politiker zwar in Sonntagsreden den freien Handel und die offenen Märkte beschwörten, jedoch nicht bereit seien, die Auswirkungen des Strukturwandels in der Weltwirtschaft hinzunehmen.

Konzerne entwickeln sich stetig zu komplizierteren, das heißt: immer weniger oder kaum mehr überschaubaren und durchschaubaren Labyrinthen. Für Außenstehende, sogar für manchen „Insider", wird es schwieriger, schließlich unmöglich zu erkennen, wer zu wem gehört. Es entstehen mächtige, im Diffusen liegende Geflechte, die von organisierten kriminellen Personengruppen für dunkle Geschäfte genutzt werden können – und wohl auch schon genutzt werden.

Gefährdung durch Organisierte Kriminalität

Hat die Mafia bereits in Deutschland investiert?

Steht uns in Deutschland die Ausbeutung und verdeckte Manipulation der Wirtschaft durch die Mafia und andere Gruppierungen der Organisierten Kriminalität bevor? Hat die Mafia bereits in Deutschland investiert; in Konzernunternehmen und in den wirtschaftlichen Aufbau in den neuen Bundesländern? Sind auch mittelständische Unternehmen unmittelbar durch die Organisierte Kriminalität, etwa durch die Erpressung und zumeist mit Gewalt verbundene Kassierung von Schutzgeldern, bedroht? Das sind Fragen, die nicht mehr ins Reich der Phantasie verwiesen werden können.

Die wachsende Konzentration in der deutschen Wirtschaft ist nicht nur unter wirtschaftlichen Gesichtspunkten kritisch zu beurteilen. Diese stetig unüberschaubarer werdende Zusammenballung veranlaßt sowohl Ökonomen als auch Sicherheitsexperten zu erhöhter Aufmerksamkeit und zu nachhaltigen Warnungen. Deutschland werde zunehmend Dreh- und Angelpunkt der Mafia bzw. der Cosa-Nostra , sagte der japanische Wirtschafts- und Sicherheitsexperte Masami Uno, Präsident der Liberty Intelligence Incorporated, eines Informationszentrums der japanischen Wirtschaft, in einem Exklusivgespräch mit dem Organ des Bundes der Selbständigen/ Deutscher Gewerbeverband. Uno äußerte in diesem Zusammenhang, daß es in Japan kein Geheimnis sei, daß sich deutsche Großunternehmen bereits in Händen der Organisierten Kriminalität befänden; nicht unbedingt im oberen Management, aber auf der Kapitalgeberseite.[119]

In einem gemeinsamen Pressegespräch der Vereinigung Berliner Staatsanwälte und des Bundes Deutscher Kriminalbeamter (BDK) Mitte Juni 1992 – das der Realität entsprechend unter dem Motto stand: „Die Bekämpfung der Organisierten Kriminalität – ein Himmelfahrtskommando?“ – wurden Informationen des italienischen Geheimdienstes SISNI zitiert, nach denen die ehemalige „DDR“, also die neuen Bundesländer, dabei sind, zur größten Geldwaschanstalt des Organisierten Verbrechens zu werden. Spätestens seit Oktober

1990 marschiere die Mafia mit in die deutsche Einheit. Über Strohmänner laufen schmutzige Drogengelder in marode Firmen und werden von der anlaufenden Produktion als „sauberes" Geld wieder ausgespuckt. Derselben Quelle zufolge stammen von den bisher in den neuen Bundesländern angelegten Investitionen rund 72 Milliarden DM aus dunklen Mafia-Kanälen. [120]

Organisierte Kriminalität

Bundesinnenminister Rudolf Seiters bezeichnet die Organisierte Kriminalität (OK) als ein Gefährdungspotential erster Ordnung, das zu einer Bedrohung für Staat und Gesellschaft werden könnte. In der Polizeilichen Kriminalstatistik 1991 [121] wird die Bekämpfung der Organisierten Kriminalität als eine Herausforderung für die Sicherheitsbehörden, aber auch für die Gesellschaft insgesamt charakterisiert. Andererseits wird eingeräumt, daß Umfang und Entwicklung der Organisierten Kriminalität nicht dargestellt werden können. Nach Einschätzung von Experten ist jedoch ein Anstieg der OK festzustellen; unter anderem im Bereich der Rauschgiftkriminalität, der Kfz-Verschiebung, der Schutzgelderpressung und des Diebstahls. Diese Entwicklung dürfte sich fortsetzen, heißt es unmißverständlich.

Der Rechtsstaat muß abwehrbereit sein

Der Bund Deutscher Kriminalbeamter schlug schon mehrfach Alarm. Er verlangt von der Politik weitgehende Eingriffsgrundlagen bis hin zur Informationsbeschaffung aus Wohnungen zur Beweissicherung gegen die Organisierte Kriminalität. Das organisierte Verbrechen müsse erkennen, daß Deutschland für diese Verbrechenskategorie keinerlei eingriffsfreie Rückzugräume akzeptiere. Solange der Polizei jedoch die Einsicht in Bankkonten und Steuerakten sowie internationale Bankabfragen usw. bei konkreten Verdachtsmomenten nicht möglich ist, solange werden organisierte Kriminelle diese Lücken im Gesetz nutzen, um ihre Geschäfte weiter zu planen, durchzuführen und sich dabei über die „zahnlose Polizei und Justiz" ins Fäustchen lachen.

Der Rechtsstaat braucht Mut, um gegen die wachsende Organisierte Kriminalität konsequent vorzugehen, sagte der BDK-Vorsitzende, Eike Bleibtreu, im Frühjahr 1992 auf einer internationalen Tagung. Wer die demokratische Gesellschaft um Millionenbeträge prellt, wer Mordaufträge vergibt, wer Rauschgift in Mengen an Jugendliche und Kinder verteilt, wer Schutzgelder erpreßt, wer Kinderpornographie produziert und vertreibt, der verdiene auf keinen Fall den Schutz seiner Privatsphäre. Der BDK-Vorsitzende verlangte auch, das „gemeinhin verklärte Bild des Bürgers" durch ein Bild zu ersetzen, das akzeptiert, daß ein bestimmter Prozentsatz der Menschheit sich entschlossen hat, seinen Lebensunterhalt auf Kosten des Lebens, der Vermögenswerte und der Gesundheit anderer Menschen ausschließlich durch schwerste kriminelle Handlungen zu verdienen. [122]

Zwar verabschiedete der Deutsche Bundestag am 4. Juni 1992 ein Gesetz zur Bekämpfung der Organisierten Kriminalität. In diesem Gesetz wurde wenigstens endlich der Einsatz Verdeckter Ermittler und die Rasterfahndung gesetzlich abgesichert sowie die „Geldwäsche" als eigenständiger Tatbestand eingeführt. Doch Sicherheitsexperten, vor allem in der Exekutive, bemängeln, daß durch Ausklammern spezieller Regelungen für den Einsatz Verdeckter Ermittler und des Einsatzes von technischen Mitteln zur Datenaufzeichnung (Lauschangriffe), die Polizei in Deutschland praktisch weiter zur Handlungsunfähigkeit verurteilt wurde. Die Polizei brauche jedoch zur effektiven und konsequenten Bekämpfung der Organisierten Kriminalität dringend ein ausreichendes und qualitativ hochwertiges Instrumentarium, wie den tatsächlich effektiven Einsatz Verdeckter Ermittler und die elektronische Aufzeichnung von Daten. Der BDK-Vorsitzende Bleibtreu meinte: „Wer das nicht möchte, muß sich auch fragen lassen, ob er mehr dem Staat und der Polizei mißtraut als den mafiosen Strukturen der Organisierten Kriminalität." [123]

Berliner Staatsanwälte und Kriminalbeamte warnten auf ihrer gemeinsamen Pressekonferenz im Juni 1992 davor, daß langfristig der Boden für staatliche Erosionsprozesse bereitet werden könnte, die am Beispiel Italiens und einer Vielzahl südamerikanischer Staaten nachzuvollziehen seien. Sei der Verfall erst einmal offenkundig, werde die Frage sein, ob es dann in Deutschland genügend mutige und einsatzwillige „Falcones" (Giovanni Falcone, ein von der Mafia ermordeter, als Mafiajäger bekannt gewordener, italienischer Richter) geben werde, oder – was zu befürchten sei – Polizei und Justiz nach dem herbeigebombten Motto handeln: „Lieber korrupt als tot!"[124]

Alltagskriminalität: Die Flut steigt

Hoher Anteil von Ausländern

Neben der Organisierten Kriminalität ist die sogenannte Alltagskriminalität ein wachsendes Übel und eine zunehmende, finanziell meßbare, Belastung. Die im Jahre 1991 über 130.000 registrierten (!) Ladendiebstähle sind eine kriminelle Art von Ausbeutung und Ausplünderung. Der langjährige Oberlandesgerichtspräsident in Braunschweig, Dr. Rudolf Wassermann, stellte einmal die bange Frage, ob Wirklichkeitsflucht der Politiker, des Gesetzgebers, verhindert, der Gewalt wirksam zu begegnen. Es sei jetzt allerhöchste Zeit, die Quintessenz polizeilicher Erfahrung in puncto Innere Sicherheit auszusprechen: Mit dieser Wirklichkeitsflucht muß es schleunigst ein Ende haben. Wenn man das gestörte Vertrauen der Bürger in Staat und Recht wieder herstellen will, genügt es nicht mehr, auf die Wirkungen symbolischer Politik zu vertrauen, bei der Worte die notwendigen Taten ersetzen. [125]

Der Anteil ausländischer Tatverdächtiger an der Gesamtkriminalität in Deutschland betrug im Jahre 1991 über ein Viertel, genau 25,9 Prozent. Der Anteil von Asylbewerbern an den nichtdeutschen Tatverdächtigen betrug – für die alten Bundesländer einschließlich Gesamt-Berlin – 26,7 Prozent.

Bei einigen Straftatengruppen war 1991 der Anteil nichtdeutscher Tatverdächtiger überproportional hoch: Taschendiebstahl 77,3 Prozent; Straßenraub (ohne Handtaschenraub) 40,9 Prozent; Inverkehrbringen von Falschgeld 54,1 Prozent; Geld- und Wertzeichenfälschung, Fälschung von Vordrucken für Euroschecks und Euroscheckkarten 52,1 Prozent; Urkundenfälschung 53,9 Prozent; Raubüberfälle auf Spielhallen 49,1 Prozent; Hehlerei von Kraftfahrzeugen 37,7 Prozent; Einfacher Diebstahl von/aus Automaten 35,8 Prozent; Delikte in Verbindung mit illegaler Überlassung von Arbeitskräften 43,0 Prozent; sonstige Hehlerei/gewerbsmäßig 37,3 Prozent; Erschleichen von Leistungen 35,4 Prozent; Betrug mittels rechtswidrig erlangter Kreditkarten 35,4 Prozent; Raubüberfälle auf Geld- und Kassenboten 32,3 Prozent; Schwerer Diebstahl von/aus Automaten 30,0 Prozent; und besonders für Einzelhandelsunternehmen höchst alarmierend: Der Ausländeranteil betrug beim schweren Ladendiebstahl 45,7 Prozent; beim einfachen Diebstahl in/aus Schaufenstern, Schaukästen und Vitrinen 37,3 Prozent.[126]

Ladendiebstähle nehmen überhand

Fast jede zehnte registrierte Straftat war 1991 ein Ladendiebstahl; nämlich 416.157 Fälle! Das bedeutet für 1991 gegenüber 1990 eine Steigerung von 18.093 Fällen, gleich 4,5 Prozent. Dazu kommt der Diebstahl aus Dienst-, Büro-, Fabrikations-, Werkstatt- und Lagerräumen: 1991 136.278 Fälle; 13.926, gleich 11,4 Prozent mehr als 1990.

Die Folgen dieser Eigentumsdelikte sind nicht nur finanzielle und materielle Verluste, sondern verursachen in vielen Unternehmen auch zum Teil erhebliche Personal- und Sachkosten durch die Beschäftigung von Detektiven und/oder die Installation von Sicherungs- und Alarmanlagen. Die meisten mittelständischen Unternehmen, insbesondere im Einzelhandel und im Dienstleistungsgewerbe, können sich derartige teure Sicherungs- und Abwehrmaßnahmen nicht leisten, und müssen sehen, wie sie mit dem offensichtlich wachsenden Risiko des Waren- und Gewinnverlustes durch Diebstahl zurechtkommen.

Der Bund Deutscher Kriminalbeamter berichtete in seinem Organ, daß der Hauptverband des Deutschen Einzelhandels der Politik, Justiz und Polizei in ungewöhnlich scharfer Form vorgeworfen hat, den Ladendiebstahl entkriminalisieren und verniedlichen zu wollen. Nach Mitteilung des Hauptverbandes werden dem Einzelhandel durch Lieferanten, Mitarbeiter und vor allem durch Kunden jährlich Waren im Wert von über drei Milliarden DM gestohlen. Diese Entwicklung, so klagt der Verband, sei der Ausdruck abnehmenden Unrechtsbewußtseins in der Gesellschaft. Der Hauptverband vertritt dagegen den Standpunkt, daß Diebstahl, unabhängig von seiner Höhe, eine kriminelle Handlung bleibe. Die Spitzenorganisation des Einzelhandels äußerte zwar durchaus Verständnis für eine überforderte Justiz und Polizei, empfinde es aber als unerträglich, daß die für den Schutz der Bürger Verantwortlichen eine „Reihe von Kriminalfällen“ einfach ausgrenzen wollen. Politiker dächten heutzutage sogar über eine Änderung des Strafrechts im Zusammenhang mit dem Ladendiebstahl nach. Selbst die Polizeigewerkschaft (nicht der BDK!) wolle den Ladendiebstahl nur noch als sogenannte „Ordnungswidrigkeit“ eingestuft sehen. Der artikulierten Überlegung von SPD-Politikern, Ladendiebstahl sei ein – wenn auch unerwünschter – Teil des täglichen Lebens begegnet der Hauptverband des Deutschen Einzelhandels mit der Feststellung: „Der Fisch beginnt am Kopf zu stinken!“ [127]

Sicherheitsexperten stimmen gewiß mit der überwiegenden Mehrheit der Bürger überein, daß es keine „guten“ und „schlechten“; keine akzeptablen und weniger akzeptablen Straftaten geben darf. Jede Straftat muß ausnahmslos und konsequent verfolgt und geahndet werden. In diesem Zusammenhang wird auf den sogenannten „Eierdieb-Erlaß“ in Nordrhein-Westfalen hingewiesen, nach dem bereits seit Jahren in diesem Bundesland Straftaten mit einem Schaden unter 100 DM – zumeist Ladendiebstähle – von den Strafverfolgungsbehörden nicht mehr verfolgt und geahndet werden.

17.500 Güterzug-Waggons oder 250 Kilometer

Auf einer sicherheitspolitischen Tagung der CDU-Landtagsfraktion in Nordrhein-Westfalen im Frühjahr 1991 äußerten Fachleute, die aufgedeckten und gemeldeten Fälle von Ladendiebstahl seien nur die winzige Spitze eines Eisberges. Experten schätzen die Dunkelziffer auf 95 Prozent (!) und mehr. Thomas Fett, der Revisions-Direktor der Horten AG in Düsseldorf, gab auf dieser Tagung folgende Schilderung:

„Stellen Sie sich einen Güterzug von der Stadtmitte Düsseldorfs bis zur Stadtmitte Frankfurts vor. 250 km oder 17.500 Waggons voll beladen mit Handelsgütern jeglicher Art – das ist in etwa die Menge, die jährlich im Einzelhandel als Ladendiebstahl zu verbuchen ist.“

Keine Kavaliersdelikte

Außerordentlich bedeutsam ist auch die Information, daß ein gewisser Teil der Massenkriminalität zum Macht- und Bedrohungspotential organisiert arbeitender Schwerstkrimineller gehört. Im Bereich der Massenkriminalität haben sich zum Beispiel bereits Kartelle aus organisierten Hehlerbanden gebildet.

Gewarnt wurde auch vor einer Verniedlichung, gar einer Beschönigung von Straftaten im Bereich der Massenkriminalität als „Kavaliersdelikte". Eine solche um sich greifende Beurteilung hätte nicht nur fatale materiell rechtliche Folgen, sondern vor allem auch möglicherweise katastrophale emotionale, ethische, moralische und politische Konsequenzen. Delikte der Massenkriminalität – zum Beispiel auch Ladendiebstahl – dürften nicht zu „Sportarten" werden („Der Erwischte ist weniger ein Straftäter; er ist allenfalls ein Dummkopf; er hat in einer bestimmten Sportart eben verloren ..."). Die Hemmschwelle werde herabgesetzt; Täter würden zur Begehung weiterer Delikte stimuliert; potentielle Täter würden zum Handeln „ermutigt". Fachleute aus den Bereichen Justiz, Polizei, Innere Sicherheit, beklagen übereinstimmend einen „beträchtlichen Verfall" von Werten, den Verlust an Bewußtsein für das „Richtige" und das „Falsche".

Besonders Ende der sechziger und in den siebziger Jahren hätten sich in der Bundesrepublik Deutschland – und sicherlich nicht nur da – Veränderungen vollzogen, die das Normengefüge und den Konsens über Recht und Ordnung offen in Frage gestellt, ja sogar teilweise außer Kraft gesetzt hätten. Der Rechtsstaat käme in Gefahr, wenn die Einhaltung der auf demokratischem Wege zustandegekommenen Rechtsordnung in das Belieben jedes einzelnen Bürgers gestellt würde. Heftige Kritik wurde auf der sicherheitspolitischen Tagung der CDU am negativen, ethische und moralische Grundwerte in Frage stellenden, „öffentlichen Vorleben" an Schulen und Universitäten, in Familien, Massenmedien und in der Literatur geübt.

Doch offensichtlich verhallen solche Warnungen in der Wüste. Die Tageszeitung „Die Welt“ druckte in ihrer Ausgabe vom 30. Juni 1992 auf der Titelseite diese dpa-Meldung aus Düsseldorf ab: „Gericht mindert Strafe, weil Täter AIDS haben. Zwei mit AIDS infizierte Eheleute sind gestern in einem Diebstahlsprozeß von einer Düsseldorfer Strafkammer mit Rücksicht auf ihre lebensbedrohende Erkrankung zu Bewährungsstrafen verurteilt worden. Der mehrfach vorbestrafte 32jährige Mann und seine fünf Jahre jüngere Frau hatten nach Feststellung des Gerichts Wohnungseinbrüche begangen, um ihren Heroinkonsum zu finanzieren. Die Kammer erkannte die AIDS-Infektion als Strafmilderungsgrund an und verhängte zwei Jahre und ein Jahr Bewährungsstrafe. Auch wurde der erfolgreiche Heroinentzug des Angeklagten und die Teilnahme seiner Frau an einem Methadon-Programm zu deren Gunsten angerechnet (Az.: I-41/92).

In einem ersten Prozeß war der Ehemann wegen Diebstahls zu 26 Monaten Freiheitsstrafe ohne Bewährung verurteilt worden, die Frau hatte 14 Monate Haft erhalten. Das Strafmaß wurde auf Revision der Angeklagten vom Oberlandesgericht Düsseldorf aufgehoben. Die Richter rügten, die Vorinstanz habe die AIDS-Erkrankung der Eheleute «mit ihrer für das zukünftige Leben besonders einschneidenden Bedeutung» nicht ausreichend berücksichtigt.“

Auf noch eine Art von Kriminalität wird hingewiesen: Auf Fälle illegaler Beschäftigung und von Leistungsmißbrauch. Diese Delikte nehmen deutlich zu. Die Arbeitsämter deckten 1991 insgesamt 332.000 Verdachtsfälle auf (1990 waren es 315.000 Fälle). In 207.600 Fällen wurden 1991 (195.400 Fälle im Jahre 1990) Ermittlungsverfahren mit Verwarnungen, Geldbußen oder Strafanzeigen eingeleitet. Nach Informationen aus der Bundesanstalt für Arbeit in Nürnberg stieg 1991 die Summe der Buß- und Verwarnungsgelder im Vergleich zum Jahr zuvor von 33 Millionen auf 40 Millionen DM. Überwiegend handelte es sich um den unrechtmäßigen Bezug von Arbeitslosenhilfe, Arbeitslosengeld oder Kurzarbeitergeld.

Ja zu Europa – Nein zur Brüsseler Bürokratie

Eurokraten verursachen Unbehagen

Was hat die Ausbeutung des Mittelstandes mit Europa, mit dem gemeinsamen europäischen Binnenmarkt zu tun? Auf den ersten Blick (vielleicht) nichts. Doch beim näheren Hinschauen auf bürokratische Plagen, auf mit der Einführung der europäischen Währung ECU verbundene Unwägbarkeiten, auf zu erwartende Reglementierungen, auf „planwirtschaftliche" Experimente, auf Kostenexplosionen und andere Problemfelder, wird die soeben gestellte Frage nicht abwegig.

Der Mittelstand will und wird die Herausforderungen des europäischen Binnenmarktes annehmen. Doch sind Wachsamkeit, Zurückhaltung und Skepsis vonnöten.

Es ist nicht so, wie uns arrogante und ignorante Zeitgenossen weiszumachen versuchen. Die Entscheidung der Dänen bei einem ersten Referendum im Sommer 1992; die Meinung vieler Europäer zum EG-Binnenmarkt richtet sich keineswegs gegen ein einiges – nicht vereinheitlichtes ! – Europa; nicht gegen die „Idee eines Europas der Vaterländer". Mißmut, Zorn, Unmut und Furcht richten sich vor allem gegen die europäische Administration, gegen die zu Recht befürchteten Reglementierungen, gegen das Diktat der in Brüssel residierenden, von den Realitäten und den europäischen Völkern weit abgehobenen Bürokratie. Konrad Adam gab eine eindringliche Situationsschilderung, als er wenige Tage nach dem Referendum in Dänemark an die Adresse der in ihren „vollklimatisierten Verhandlungsräumen" abgeschotteten Politiker die Aufforderung richtete, sie sollten doch einmal die Blickrichtung wechseln. Dann würden sie schnell entdecken, „daß die Wähler" – die Erfahrung zeigt, in ganz Europa – „mit dem Begriff Europa vorwiegend unerfreuliche Assoziationen verbinden. Statt an Freihandel und offene Grenzen denken sie an die Milchseen und Butterberge, Behördenwillkür, Subventionsbetrug und Verschwendung. Mag diese Bilanz auch einseitig sein, unbegründet ist sie nicht."[128]

Wahrhaftig nicht! Auf Reisen durch Europa ist immer wieder festzustellen: Für viele, für sehr viele durchaus „europäisch denkende" Menschen verbinden sich die Begriffe Europa, Europäische Gemeinschaft, Europäischer Binnenmarkt, mehr und mehr mit dem kein Vertrauen und keine „europäische Zuversicht" auslösenden Begriffen Eurokraten, Technokraten, Bürokratie.

Ende Juni 1992 zog Professor Dr. Elisabeth Noelle-Neumann nach der Auswertung etlicher Umfrageergebnisse eine „demoskopische Bilanz nach Maastricht" und konstatierte: „Die Deutschen beginnen sich zu fürchten".[129] Fast zur gleichen Zeit stimmten bei einer telefonischen ad-hoc-Abstimmung der ARD (Pro und Contra) drei Viertel aller Beteiligten gegen die Maastrichter Verträge. In den Contra-Beiträgen in der ARD-Sendung wurde wiederum deutlich: Unbehagen und Ablehnung richteten sich nicht gegen Europa, sondern gegen die Eurokraten, gegen die europäischen Technokraten, gegen eine zentralistische, nahezu totalitäre Bürokratie. Unbehagen, Furcht und Zorn sind verständlich. Denn was ist von einem Europa, von einem gemeinsamen europäischen Markt zu halten, in dem eine kaum durchschaubare und so gut wie nicht kontrollierbare Administration verfügt, wieviel Bananen Deutschland woher importieren darf, oder welche Form und Länge die von dänischen Gemüsebauern produzierten Gurken haben müssen, damit sie auf dem europäischen Binnenmarkt angeboten werden können.

Zum Thema „Bananen-Import" meldete sich im April 1992 Frau Dr. Ursula Braun-Moser, Mitglied des Europäischen Parlaments, Entwicklungspolitische Sprecherin der Europäischen Volkspartei (EVP) und Präsidentin der Europäischen Mittelstands-Union zu Wort. Entschieden wandte sich Frau Dr. Braun-Moser dagegen, daß „zwangsweise über die Einführung eines 20prozentigen Aussenzolls mittels der antiquierten Autarkiebestrebungen der gemeinschaftlichen Agrarpolitik den Menschen vorgeschrieben würde, was sie essen müßten".[130]

Ende Juli 1992 hat die EG-Kommission den Plan zur Einschränkung von Bananenimporten aus Drittländern gebilligt. Danach soll für Produzenten außerhalb der Europäischen Gemeinschaft eine Importquote von zwei Millionen Tonnen im Jahr gelten. Überdies beabsichtigt die EG-Kommission, Bananenimporte aus Drittländern mit einem Zoll von 20 Prozent zu belegen. Überdies sollen für derartige Importe Qualitätsstandards festgelegt werden, durch die insbesondere Importe aus Mittel- und Südamerika erschwert werden könnten.

Zur selben Zeit machte die Präsidentin der Europäischen Mittelstands-Union im Zusammenhang mit Steuer- und Zollformalitäten im EG-Binnenmarkt darauf aufmerksam, daß die Wirtschaft und „gerade der Mittelstand, die erst vor zwei Jahren mit dem Zolleinheitspapier als angebliche Erleichterung gequält wurden", eine „Flut von neuen Regularien ... über die bisherigen Exportgenehmigungen hinaus" auf sich zukommen sehen, die „nicht nur strategisch wichtige Güter und Dual Use erfaßten und ständig umgestellt würden, wie bei den jetzt vom Bundestag beschlossenen Verschärfungen des Außenwirtschaftsrechtes".[131]

Die renommierte Zeitschrift „Schweizerzeit" stellte, zwar aus Schweizer Sicht, jedoch allgemeingültig, die Frage, was im „Zeitalter der Euromultis" eigentlich für die kleinen und mittleren Betriebe bleibe. Der Autor, Frédéric Walthard, gibt einleitend einige aufschlußreiche Informationen über die „Euro-Mammut-Dimensionen" („die dem Durchschnittsschweizer verschwiegen oder nur von der positiven Seite gezeigt werden"). Da wird zunächst einmal festgestellt, daß auch von höchsten offiziellen Stellen zur Brüsseler Bürokratie immer wieder behauptet wird, die Administration in Brüssel sei mit rund 16.000 Beamten „viel kleiner als derjenige einiger schweizerischer Kantone". Doch nun kommt „das dicke Ende": In der Zahl der EG-Beamten in Brüssel sind die Beschäftigten anderer zahlreicher EG-Amtsstellen und -Institutionen, wie zum Beispiel des früheren Euratom und der Montanunion, des Patentamtes, anderer Spezialdienste, des Parlamentssekretariats, des Gerichtshofs usw. außerhalb von Brüssel – in Luxemburg, Straßburg, in Deutschland und anderen EG-Ländern – nicht inbegriffen. Walthard macht dann am Beispiel Schweiz eine Rechnung auf, die uneingeschränkt auf andere EG-Länder übertragen werden kann: Bei dem erwähnten Vergleich der Brüsseler Administration mit schweizerischen kantonalen Verwaltungen werden alle jene nationalen Staatsangestellten mitgezählt, die Funktionen ausfüllen, die es in der EG-Administration überhaupt nicht gibt. Zum Beispiel Verkehr, Straßenunterhalt, öffentliche Dienstleistungsbetriebe, das Bildungswesen, Polizei, Krankenhäuser, Gesundheits- und soziale Dienste, Steuerbehörden usw.[132]

Gaspard Schlatter widersprach in einem Beitrag für die „Schweizerzeit" energisch der „irrigen Meinung", daß durch die Überführung nationaler Verordnungen zugunsten einer supranationalen Gesetzgebung größere Freiheit und Entfaltung gewährleistet würden. Aus der Sicht eines Schweizers sieht der Autor vielmehr die Gefahr, daß mit einem Eintritt in die EG und zum Gemeinsamen Europäischen Markt in staatspolitischer Hinsicht noch nicht voll absehbare Risiken im Hinblick auf Einschränkungen eingegangen würden. Schlatter begründet seine Bedenken unter anderem mit dem Hinweis, daß das EG-Recht in hohem Maße auf die Beschlüsse der Exekutive – also auf die Bürokratie! – ausgerichtet ist, wodurch das politische Mitspracherecht der nationalen Parlamente, der verschiedenen Wirtschaftsorganisationen und der Bürger stark beschnitten würden.[133]

Werden zentralistische Planwirtschaften kopiert?

Experten sind sich darin einig, daß zu den größten von der EG-Bürokratie ausgehenden Bedrohungen die bis zur „kritischen Masse" anschwellenden Fiskal- und Sozialbürokratien sowie zumeist völlig überzogene, teilweise auch absurde Maßnahmen und Verordnungen, Richtlinien und Reglementierungen gehören, die vor allem kleine und mittlere Unternehmen benachteiligen.

Der Präses der Industrie- und Handelskammer Hamburg, Klaus Asche, diagnostizierte klar und treffend: „Die EG-Kommission verwendet meines Erachtens zuviel Ehrgeiz darauf, mit einer wahren Richtlinienflut selbst in Randbereichen nationale Einzelvorschriften in einer Weise zu vereinheitlichen, als wolle man die endlich überwundenen zentralen sozialistischen Planwirtschaften durch eine

Brüsseler Bürokratiewirtschaft ersetzen."[134] Besteht gar die Gefahr, daß in den „sozialistischen" Ländern zusammengebrochene Apparate in der Europäischen Gemeinschaft beziehungsweise deren Administration als semisozialistische Systeme wiederaufleben?

Es ist bemerkenswert, daß der ansonsten sozialistischen Ideen nicht abholde Präses der Evangelischen Kirche im Rheinland, Peter Beier, vor einem bürokratisch und zentralistisch organisierten Europa gewarnt hat. Der evangelische Kirchenführer verlangte von seiner Kirche, deutlich zu sagen: „Wir stehen auf der Seite derjenigen, die keine zentralistische Administration wollen". Man müsse sich fragen, wie der EG-Apparat parlamentarisch wirksam kontrolliert werden könne, sagte Beier auf einer Veranstaltung des Evangelischen Arbeitskreises der CDU/CSU. Als Beispiel für ein Ausufern der EG-Bürokratie nannte der Präses die Schaffung von 1.000 – in Worten: Eintausend! – Einzelverordnungen über Kleintierhaltung in Europa.[135]

Wohin geht die Fahrt mit dem ECU?

Bayerns Umweltminister Dr. Peter Gauweiler stimmt bedenklich, daß die Reihenfolge des europäischen Einigungsprozesses im Laufe der letzten Jahre mehr und mehr geändert wurde. „Daß auf einmal die Währungsunion nicht als Endpunkt, Krönungstheorie hieß es früher immer, ins Auge gefaßt wird, sondern schon eine Art Zwischenschritt sein soll, so daß auf einmal eine EG-Währung eingeführt wird, an der völlig verschiedene Volkswirtschaften und völlig verschiedene Regierungspolitiken nach Mentalitäten ziehen," sagte Gauweiler in einem Zeitungsinterview. Besonders erwähnenswert ist seine Feststellung: „Stabilität einer Währung besorgt nicht der Zufall, sondern sie baut auf die Seriosität der staatlichen Politik. Nun sind in der EG sowohl sozialistische Regierungen genauso vertreten als auch konservative Regierungen. Beide mit ganz anderen Geldpolitiken. Es hängen also völlig unterschiedliche Mentalitäten in puncto Sparverhalten und Arbeitsintensität an der gleichen Währung." Gauweiler zitiert die Süddeutsche

Zeitung, die zu diesem Thema schrieb: „In der Konsequenz bedeutet das, daß hinter dem ECU eines Tages weniger Arbeit pro Währungseinheit stehen wird als hinter der Mark, so daß der ECU nicht so stabil werden kann wie die Mark."[136]

Es ist zu befürchten, daß mit dem Wegfall der D-Mark als selbständige nationale Währung sowohl ein wichtiger deutscher Standortvorteil als auch der bisherige Stabilitätsvorsprung Deutschlands mehr und mehr schwinden und in absehbarer Zeit völlig wegfallen wird.[137]

Dr. Hans Tietmeyer, Vizepräsident der Deutschen Bundesbank, hat im Februar 1992 in seiner Ludwig Erhard Memorial Lecture an der London School of Economics bemerkt, daß es für den Erfolg der europäischen Währungsunion von großer Bedeutung sein werde, daß an diesem Zusammenschluß und den Entscheidungsgremien des Europäischen Zentralbanksystems nur jene Länder teilnehmen, die sich sowohl im monetären als auch im fiskalischen Bereich durch eine hinreichende Stabilitätspolitik qualifizieren. Daß eine Europäische Währungsunion für Deutschland nur als Stabilitätsgemeinschaft akzeptabel sein könne, hätten Bundesregierung und Bundesbank von Beginn der Beratungen und Verhandlungen an klar gemacht, hob Tietmeyer hervor. Im Resümee seines Vortrages postulierte der Redner: „Sowohl die deutsche als auch die europäische Politik sollten sich im Geiste Ludwig Erhards um Lösungen bemühen, die den Kräften des Marktes genügend Spielraum geben und die Geldwertstabilität als Grundlage für dauerhafte Prosperität und sozialen Ausgleich sichern."[138]

Die in Köln erscheinende Wirtschaftszeitung „Aktiv" veröffentlichte im August 1992 das Ergebnis einer Umfrage unter den Lesern dieser Zeitschrift. 80 Prozent sprachen sich gegen eine europäische Einheitswährung aus, „wie immer sie auch heißen mag". 87,5 Prozent der „Aktiv"-Leser fordern eine Volksbefragung zum Thema „Europa-Währung". Der wichtigste Grund für die Ablehnung der europäischen Währung: 82 Prozent befürchten, daß die EG-Währung weniger stabil sein werde als die Deutsche Mark. Ein anderes vielsagendes Ergebnis der „Aktiv"-Umfrage war die Tatsache, daß

84 Prozent äußerten, sie lebten „im europäischen Nebel", was bedeuten soll: sie fühlen sich von den Politikern unzureichend über den Europäischen Binnenmarkt informiert.[139]

In einer informativen Betrachtung mit dem Titel „Keine Währung ohne Staat" stellte Wolfram Weimer die Verträge von Maastricht und die Pläne zur allzu raschen Bildung einer „ECU-Union" in geschichtliche Zusammenhänge und Erfahrungen. Weimer nimmt zum Beispiel die Geschichte der Bank of North America (in den achtziger Jahren des 18. Jahrhunderts) als „Präzedenzfall für das Schicksal von Zentralbanken amorpher Staatengemeinschaften", die „scheitern, weil sie zu früh kommen". Weimer kommt zu dem Ergebnis, daß keine Erfahrung der Geschichte den „Fundamentalisten", die eine europäische Zentralbank so schnell wie möglich konstituieren wollen, recht gegeben habe, weil alle derartigen Versuche (die Lateinische Münzunion, die Skandinavische Münzunion, die britisch-amerikanische oder die deutsch-österreichische Union) gescheitert sind, „weil sie Währungen der Willkür geschaffen haben". Erfolgreiche Währungsunionen (wie die schweizerische 1848, die italienische 1861 und die deutsche 1871) waren „allesamt Folgen und nicht Vorläufer nationaler Einigungsprozesse". Weimer konstatiert: „Die Vorstellung der übereifrigen Währungsunionisten, daß ein gemeinsamer Markt eine gemeinsame Währung braucht, ist offensichtlich falsch."[140]

Hans Eschbach übt fundierte Kritik an den politischen Hintergründen für Maastricht und kommt zu dem Schluß, daß diese Verträge und ihre Konsequenzen „jenseits von Angebot und Nachfrage" liegen. Eschbach befürchtet, daß zu Beginn der Wirtschaftsunion aus politischen Gründen Konzessionen gemacht würden, damit die Gruppe der „zurückbleibenden Länder" nicht zu groß und damit mehrheitsfähig werde. Der Kritiker kommt auch darauf zu sprechen, daß neben den inflationistischen Perspektiven in Deutschland auch der „europäische Umverteilungseffekt der Wirtschaftsunion zu Beunruhigung" führe. Seit Maastricht zeige die Deutsche Mark Schwäche gegenüber den Weichwährungsländern, und es sei zu befürchten, daß zu politisch verzerrten Kursen von den nationalen Währungen auf ECU umgestellt werde, mit dem Ergebnis: „Eine gigantische Umverteilung zu Lasten der deutschen Sparer ist die Folge". Nach Abwägung vieler Argumente gewinnt Eschbach den Eindruck, „daß das wohlhabende und wirtschaftlich mächtige Deutschland Teile seines Reichtums transferieren und seine ökonomischen Machtmittel vergemeinschaften soll, um nicht der Mißgunst und der Abneigung der Nachbarn gegen eine deutsche Hegemonie ausgesetzt zu sein." Besorgt stellt Eschbach die Frage, was Bonn bewege, an einem „derart fragwürdigen Projekt festzuhalten". Die Bundesregierung dürfe sich auch nicht ständig hinter einem „fadenscheinigen Schleier unrealistischer ökonomischer Versprechungen verbergen". Derartige Unlauterkeit fördere Politverdrossenheit und könne nur Enttäuschung und Verbitterung der Bürger zur Folge haben.[141]

Gefährdung durch Reglementierungen

In einem Zeitungsaufsatz warnte der selbständige Unternehmer Volker J. Geers vor einigen Gefahren, die von der überaus starken Tendenz der „Nivellierung und Vereinheitlichung, verharmlosend «Harmonisierung» genannt", ausgehen. Besonders im Arbeits- und Sozialrecht drohe langfristig eine Planierung durch die Brüsseler Technokraten. Leitbild der Bürokraten sei der Euro-Arbeitnehmer zu Euro-Arbeitsbedingungen im Euro-Tarifvertrag und, womöglich, zu einem einheitlichen europäischen Mindestentgelt und auf Euro-Standard sozial abgesichert.[142] Fürwahr, das sind rosige Aussichten!

Auch der Bundesverband der Deutschen Industrie (BDI) warnte vor einer übermäßigen Reglementierung der Industriepolitik durch die Europäische Gemeinschaft. Zwar ist in dem Vertrag von Maastricht der Grundsatz der offenen und Sozialen Marktwirtschaft mit freiem Wettbewerb ausdrücklich als verpflichtend festgelegt worden. „Dennoch besteht in der deutschen Wirtschaft eine gewisse Skepsis, ob diese Grundsätze stets auch in konkrete Politik Eingang finden," äußerte der ehemalige BDI-Präsident Heinrich Weiss.[143] Der Bundesverband des Deutschen Groß- und Außenhandels (BGA) wurde noch deutlicher. Dessen Präsident, Michael Fuchs, bezeichnete den künftigen EG-Binnenmarkt als eine „Mogelpackung". Fuchs monierte unter anderem die mit dem EG-Binnenmarkt zu erwartende wachsende Formularflut und die ebenfalls wachsende Bürokratisierung. Der BGA-Präsident sprach von einem „Schein-Binnenmarkt". Lieferungen innerhalb der EG würden zumindestens für eine längere Übergangszeit umsatzsteuertechnisch schwieriger sein als der Warenverkehr in Drittländer.[144]

Deutschland als Zahlmeister

Die Zeitschrift „Die Kammer" nahm die Europäische Gemeinschaft kritisch unter die Lupe, stellte die Frage, ob die EG eine „wirtschaftliche Erfolgsstory" sei und kam zu dem Ergebnis: „Die EG-Euphorie ist durch nichts gerechtfertigt":

- Die Handelsströme der EG-Staaten wurden im wesentlichen nur in den EG-Binnenmarkt umgelenkt und nicht ausgedehnt. Der Weltmarktanteil der EG-Staaten ist nicht gestiegen.
- Die Vorteile der EG-Zollunion waren nicht so groß, wie allgemein angenommen. Im Rahmen des GATT wurden ebenfalls die Zollschranken erheblich niedriger gesetzt und etliche Handelshemmnisse abgebaut.
- Die Folgen der EG-typischen Subventionspraxis sind handels- und wachstumshemmend.
- Die EG-Kommission ist inzwischen eine Superbürokratie mit enormem Umverteilungsehrgeiz geworden. Die Personal- und Verwaltungskosten sind beträchtlich. Die von der Kommission verwalteten und umverteilten Mittel haben die 80-Milliarden-DM-Grenze erreicht. Tendenz steigend.[145]

Der EG-Haushalt 1992 betrug im Sommer 1992 63,0 Milliarden ECU. Davon soll Deutschland 17,1 Milliarden ECU vor Frankreich (11,5 Mrd. ECU), Italien (8,9 Mrd. ECU) und Großbritannien (7,7 Mrd. ECU) zahlen. Das bedeutet, daß der deutsche Anteil, nämlich 27,14 Prozent, der höchste aller EG-Länder ist. Schon seit vielen Jahren versteht sich Deutschland als Zahlmeister der Europäischen Gemeinschaft.

Probleme für den Mittelstand

Statistiken lassen erkennen, daß nahezu 99 Prozent aller Unternehmen mit fast drei Viertel aller Arbeitnehmer in Europa den kleinen und mittleren, also den mittelständischen Unternehmen, zuzurechnen sind. Mehr als zwei Drittel aller Lehrlinge werden in Europa in mittelständischen Unternehmen ausgebildet. Allein diese wenigen Zahlen beweisen die bedeutende und tragende Rolle, die der Mittelstand in der Europäischen Gemeinschaft spielt. Der Mittelstand sieht durchaus die Chancen und auch die Notwendigkeit der Europäischen Gemeinschaft und eines – allerdings vernünftig, realistisch, nach den Prinzipien der Sozialen Marktwirtschaft und nicht einer wirklichkeitsfernen Administration organisierten – europäischen Binnenmarktes. Aber ...

Es gibt eine Menge Probleme und Forderungen des Mittelstandes:

- Mittelständische Unternehmen müssen sich auf eine starke Konkurrenz auf dem europäischen Binnenmarkt vorbereiten. Sie müssen im Strukturwandel mithalten, Markt- und Sprachkenntnisse erwerben, überregionale Kooperationen eingehen und Partner suchen sowie europäische Absatzorganisationen aufbauen. Die Interessenvertretungen des Mittelstandes müssen in Brüssel präsent sein.
- Der Mittelstand muß allen Versuchen, einen EG-Protektionismus einzuführen, eine Absage erteilen.
- Deutsche Unternehmen müssen im europaweiten Wettbewerb ihre besondere regionale Chance nutzen, indem sie frühzeitig ihre Standortvorteile für den Markt erkennen und in ihr unternehmerisches Kalkül einbeziehen.
- Notwendig ist eine strikte Kontrolle der Beihilfen durch die EG-Kommission.
- Unternehmenskooperationen sollten erleichtert, Kartellverfahren gestrafft werden. Notwendig ist auch eine wettbewerbsorientierte europäische Fusionskontrolle, die die Marktbeherrschung als Folge von Unternehmenszusammenschlüssen verhindert.

- Um europaweit wettbewerbsfähiger zu werden, ist eine grundlegende Reform der Unternehmensbesteuerung in Deutschland notwendig.
- Das vorhandene Sachkapital muß besser genutzt werden können. Laufzeiten von Maschinen und Arbeitszeiten müssen flexibilisiert werden.
- Der Wettbewerb muß da erhalten oder wiederhergestellt werden, wo er nicht mehr auf faire Weise existiert. Gefordert sind ein praxisnahes Kartellrecht, verschärfte Fusionskontrolle, Freistellung von Einkaufskooperationen kleiner und mittlerer Unternehmen, Maßnahmen im Planungs- und Baurecht, bei der Wirtschaftsförderung, zur Verbesserung der Wettbewerbsposition des Mittelstandes.
- Außer Arbeitszeitverkürzungen und Überstunden muß es die Verstärkung der Bemühungen zur Qualifizierung von Arbeitskräften geben. Qualifizierte Arbeitskräfte sind eine Vorbedingung, um der europäischen Konkurrenz gewachsen zu sein.
- Der Mittelstand sollte in ganz Europa ein Beispiel für unabhängiges Denken und Handeln, für Selbstverantwortung und Selbständigkeit sein. Nur da, wo es freie Unternehmer gibt, gibt es auch freie Arbeitnehmer. Der soziale Auftrag an den Mittelstand lautet: Selbständigkeit in Europa als Sozialnorm verankern.
- Immer noch bestehende Handelshemmnisse sind abzubauen. Vor allem im Bereich „öffentliche Ausschreibungen" müssen die einzelnen EG-Staaten ihre Märkte öffnen.
- Der Mittelstand erwartet neue Initiativen der Bundesregierung und des EG-Ministerrates mit dem Ziel, die kleinen und mittleren Unternehmen, vor allem solche in der Rechtsform der GmbH & Co. KG, von den strengen Rechnungslegungspflichten nach dem Bilanzrichtliniengesetz zu entlasten.
- Der Mittelstand spricht sich gegen die zunehmenden Regulierungsmaßnahmen durch die EG-Kommission aus, vor allem dann, wenn diese dem Subsidiaritätsprinzip widersprechen.
- Der Mittelstand besteht darauf, daß auch in der EG-Mittelstandspolitik folgender Grundsatz eingehalten wird: Was für die natio-

nale Politik gilt, muß auch für die Europäische Gemeinschaft gelten; der Mittelstand erwartet Rahmenbedingungen, die es ihm ermöglichen, seine Chancen auf der Grundlage von Leistungs- und Risikobereitschaft, Eigenverantwortung und unternehmerischer Freiheit auf dem EG-Binnenmarkt wahrzunehmen.

- Die fehlende parlamentarische Legitimation und Kontrolle der EG-Bürokratie wird gegenüber der Forderung nach einem Verzicht auf nationale Souveränitätsrechte als berechtigter Einwand erhoben. Der Mittelstand hält deswegen genauso wie die meisten Bürger Europas eine Verstärkung der Stellung des Europäischen Parlaments für dringend erforderlich. Die Verantwortlichkeit der EG-Bürokratie gegenüber dem EG-Parlament muß schleunigst und ohne Wenn und Aber hergestellt werden.[146]

Ein Beispiel für Benachteiligungen mittelständischer Unternehmen in der und durch die europäische Wirtschaftsunion brachten der Bund der Steuerzahler und der Bundesverband des Deutschen Güterfernverkehrs (BDF) im Sommer 1992. Nach Angaben des BDF muß ein deutscher Unternehmer für einen 40t-Lastzug jährlich 10.505 DM Kraftfahrzeug-Steuer entrichten; sein französischer Kollege zahlt dagegen für das gleiche Fahrzeug nur 118 DM. In den übrigen Mitgliedsstaaten ist die Kfz-Steuer ebenfalls vergleichsweise gering (Ausnahme Großbritannien) und geht, bezogen auf das Beispiel, nicht über 3.341 DM hinaus.

Der BDF wies auf weitere Sorgen deutscher Unternehmer hin: Deutsche Spediteure werden vom Fiskus zum Verlagern ihres Geschäftsbetriebes ins Ausland „gezwungen". Deutsche Lastzüge werden vom Markt verdrängt, und die Lawine von im Ausland zugelassenen LKW auf deutschen Straßen wird immer größer. Der deutsche Staat verliert nach Berechnungen des BDF mit jedem ins Ausland verdrängten LKW Lohnsteuern, Sozialabgaben und Unternehmenssteuern von bis zu 100.000 DM. Dazu kommt das Arbeitslosengeld für den verlorenen Arbeitsplatz in Deutschland. Nach dieser „Rechnung" präsentierte der BDF seine Forderung nach einem „gerechten Europa mit fairen und gleichen Startchancen" auch für deutsche Unternehmen. „Es muß Schluß sein mit dem Abkassieren nur von Deutschen. Jeder soll in Europa seinen gerechten Kostenanteil tragen."[147]

Schlußbemerkung

Bundeskanzler Helmut Kohl trat am 13. Oktober 1982 vor den Deutschen Bundestag und gab seine vielbeachtete Regierungserklärung ab, die unter dem Leitgedanken stand: „Für eine Politik der Erneuerung". Publizistisch verstärkt wurde dieser Anspruch noch durch die Metapher „Wende", ja von geistig-moralischer Wende war sogar die Rede.

Nach zehn Jahren sollte man sich einmal der Mühe unterziehen, die Regierungserklärung von 1982 nachzulesen. Einige beachtenswerte Aussagen seien hier einmal kurz zitiert. „Deshalb brauchen wir jetzt eine neue Wirtschafts- und eine neue Gesellschaftspolitik".[148] ... „Zu viele haben zu lange auf Kosten anderer gelebt: der Staat auf Kosten der Bürger, Bürger auf Kosten von Mitbürgern und – wir sollten es ehrlich sagen – wir alle auf Kosten der nachwachsenden Generationen. Es ist jetzt auch ein Gebot des sozialen Friedens und der sozialen Gerechtigkeit, daß wir der Ehrlichkeit, der Leistung und der Selbstverantwortung eine neue Chance geben."[149] Einige Sätze später heißt es: „Weiter werden wir erste Schritte zur steuerlichen Entlastung des Mittelstandes vornehmen."[150] ... „Wir wollen fünftens die Ertragschancen der Unternehmen verbessern und so die Bildung von Eigenkapital stärken."[151] ... „Aber auch die Besteuerung muß künftig mehr als bisher auf diesen Sachverhalt Rücksicht nehmen."[152]

Bundeskanzler Kohl stellte 1982 ein Dringlichkeitsprogramm vor mit der Zielrichtung: „Über geordnete Finanzen zu einem geordneten Staat".[153] Damit sollen die folgenden Weichen zur Erneuerung gestellt werden:

„– weg von mehr Staat, hin zu mehr Markt;
- weg von kollektiven Lasten, hin zur persönlichen Leistung; (Die 1993 verabschiedete Pflegeversicherung im Umlageverfahren steht hierzu allerdings im diametralen Gegensatz.)
- weg von verkrusteten Strukturen, hin zu mehr Beweglichkeit, Eigeninitiative und verstärkter Wettbewerbsfähigkeit."[154]

Diese wenigen Zitate aus der Regierungserklärung von 1982 verdeutlichen, mit welch hohem Anspruch und mit welchem Mut Helmut Kohl sein Werk anging. Nach zehn Jahren hat sich eine

Ernüchterung beim Bürger eingestellt. Viele Wähler, insbesondere auch mittelständische Stammwähler der Regierungsparteien, sehen ihre Erwartungen nicht erfüllt. Die Wahlergebnisse der letzten Jahre beweisen dies drastisch.

Nochmals sei betont, daß niemand 1982 den Zusammenbruch des SED-Staates „DDR" in nur wenigen Jahren ahnen konnte. Auch Bundeskanzler Kohl verkündete: „Die Überwindung der Teilung ist nur in historischen Zeiträumen denkbar."[155] Es ist unbestritten ein großer Verdienst Helmut Kohls, mit seiner Politik und seinem Verhandlungsgeschick 1989/1990 die Vereinigung West- und Mitteldeutschlands erreicht zu haben. Da die Wiedervereinigung die Bundesregierung unverhofft überraschte und die damit verbundenen finanziellen Belastungen erheblich sind, kommt das Staatsschiff „Deutschland" ins Schlingern.

Nach zehn Jahren ist es auch durchaus reizvoll, das sogenannte „Wende-Papier" des damaligen Bundeswirtschaftsministers Otto Graf Lambsdorff zu bewerten. Bekanntlich wirkte das Lambsdorff-Konzept, veröffentlicht am 9. September 1982, als Sprengsatz innerhalb der SPD/FDP-Koalition und führte zum Ende der Regierung Helmut Schmidt. Das Arbeitspapier trug den Titel: „Konzept für eine Politik zur Überwindung der Wachstumsschwäche und zur Bekämpfung der Arbeitslosigkeit."[156] Ein solches Konzept würde auch zehn Jahre später dringend benötigt, den die Parallelen mit Wachstumsschwäche und Arbeitslosigkeit sind unschwer erkennbar (verstärkt allerdings durch die Probleme der Wiedervereinigung).

Der ehemalige Wirtschaftsminister (1977 bis 1984), inzwischen zum FDP-Vorsitzenden (seit 1988) avanciert, präsentierte im Sommer 1992 ein neues Papier: „Mut statt Mißmut". Im Unterschied zu den politischen Vorstößen vor einem Dezennium füllte dieses mutige Papier lediglich ein publizistisches Sommerloch und führte zu keinem Regierungssturz. Der erste Satz in diesem Arbeitspapier lautet wie folgt: „Mit diesem Beitrag fordere ich zu einer *Diskussion*

(Hervorhebung durch den Verfasser) über notwendige Kursentscheidungen der deutschen Politik auf, die keine weitere Verzögerung dulden."[157]

In der jetzigen wirtschaftlichen Lage sollte man von dem Vorsitzenden einer Partei, die die Regierung stellt, allerdings mehr erwarten als Diskussionsbeiträge. Viele Thesen aus dem 92er-Mißmut-Papier stammen sinngemäß aus dem 82er-Wende-Papier. So hieß es schon 1982: „Festlegung und Durchsetzung einer überzeugenden marktwirtschaftlichen Politik in allen Bereichen staatlichen Handelns mit einer klaren Absage an Bürokratisierung."[158] 1992 lautet Lambsdorffs Vorschlag umformuliert: „Wir müssen weniger Staat und weniger Bürokratie wagen."[159]

Der Mut von Otto Graf Lambsdorff besteht auch darin, daß er den Eindruck zu erwecken versucht, als hätten er und seine Partei mit den Entwicklungen und Fehlentwicklungen der letzten Jahre überhaupt nichts zu tun. Die FDP, die seit 1949 auch immer (Ausnahme 1966 bis 1969 während der Großen Koalition) Regierungspartei war und ist – wenn auch mit wechselnden Seniorpartnern –, gefällt sich wohl in der Rolle einer profilorientierten Opposition innerhalb der Koalition. Für sich selbst hat die FDP in der Vergangenheit einiges erreicht, für die mittelständische Wirtschaft dagegen wenig.

Auf Graf Lambsdorff, von manchen Medien auch schmeichelnd Marktgraf genannt, folgten als Wirtschaftsminister die etwas glücklosen FDP-Politiker Martin Bangemann (1984 bis 1988), Helmut Haussmann (1988 bis 1991) und Jürgen W. Möllemann (1991 bis 1992). Der Verschleiß an Wirtschaftsministern ist in der Regierungszeit Kohl somit beträchtlich. Einst leitete Professor Ludwig Erhard (1949 bis 1963) dieses Ministerium, der die Wirtschaft von den Fesseln einer staatlichen Gängelung befreite und die richtigen Rahmenbedingungen für eine erfolgreiche Industrienation schuf. Ludwig Erhard und sein Staatssekretär Müller-Armack gelten daher als Gründer der Sozialen Marktwirtschaft, die das Wirtschaftswunder nach dem Kriege ermöglichten. Die ordnungspolitischen

Vorstellungen Erhards werden leider in der heutigen Politik immer weniger beachtet. Das jetzige Wirtschaftsministerium hat an Bedeutung und Ansehen verloren, sein Niedergang ist bestürzend.

Das Wirtschaftswachstum läßt nach, die Arbeitslosenzahlen steigen und die öffentliche Hand ist hoffnungslos überschuldet. Bei diesem Szenario die richtigen Weichen zu stellen, verlangt Sachverstand und mutige Entscheidungen. Abgaben- und Steuererhöhungen zum jetzigen Zeitpunkt durchzuführen und noch weitere anzukündigen, kann nur der falsche Weg sein. Steuererhöhungen lähmen die Aktivitäten der Wirtschaftsbeteiligten und würgen die Konjunktur, die sich bereits abschwächt, regelrecht ab. So kann es durchaus geschehen, daß nach einer Steuererhöhung weniger Gelder in die Staatskasse fließen als berechnet.

Seit 1990 sind folgende Steuern erhöht worden: Mineralölsteuer, Tabaksteuer, Versicherungssteuer, Kraftfahrzeugsteuer, Lohn-, Einkommen- und Körperschaftssteuer (Solidaritätszuschlag) sowie seit 1993 die Mehrwertsteuer. Um die Einnahmenseite in ein entsprechendes Verhältnis zu der Ausgabenseite zu bringen, wählen die meisten Politiker den vermeintlich einfacheren Weg der Steuererhöhungen. Statt die Einnahmen den Ausgaben anzupassen, wäre es angebrachter, den umgekehrten Weg zu gehen, nämlich die Ausgaben an den vorhandenen Einnahmen auszurichten. Das heißt natürlich im Klartext: Sparen, eisernes Sparen. Es ist schade, daß unsere Politik diesen schwierigen Weg nicht so recht gehen will.

Nach Berechnungen des Bundes der Steuerzahler werden jährlich 40 bis 50 Milliarden DM Steuergelder verschwendet. 135 bis 155 Milliarden DM könnten von 1993 bis 1996 bei Bund, Ländern und Gemeinden eingespart werden.[160] Da mit ernsthaften Sparversuchen kaum zu rechnen ist, bleiben wohl nur weitere Steuererhöhungen. Der Bürger, insbesondere der Mittelstand, zahlt die Zeche für eine verfehlte Politik.

Anmerkungen

1 Alle Tabellen aus: Peter Helmes, Der Mittelstand und der mittelständische Unternehmer – Rolle und Herausforderung, Hrsg. Mittelstandsvereinigung der CDU/CSU, Bonn, o. J.

2 Basisdaten vom Frühjahr 1990, ebenda und Mittelstand in Zahlen, Hrsg. Mittelstandsvereinigung der CDU/CSU, Bonn 1990

3 Elmar Pieroth, Der Mittelstand in Deutschland hat Zukunft, in: MIT Jahrbuch '91, Bonn 1991, S. 18 ff.

4 Neues Deutschland, 19.5.1992

5 Hektographierte Kurzfassung des Referats von Franz Muheim, a. Ständerat, Altdorf. 14.11.1991. Schweizerische Management-Gesellschaft, Jubiläums-Herbsttagung 1991

6 Prof. Dr. Winfried Pinger MdB, Soziale und ökologische Marktwirtschaft – Errungenschaft und Aufgabe – hektographiertes Manuskript, ohne Datum (1992)

7 FAZ, 6.3.1992

8 Der Selbständige, April 1992

9 Friedrich A. Hayek, Der Weg zur Knechtschaft, Neuausgabe, München 1991, S. 8 f.

10 Der Selbständige, Juni 1992, S. 6

11 Roland Baader, Kreide für den Wolf – Die tödliche Illusion vom besiegten Sozialismus, Böblingen 1991, S. 279 f.

12 MIT Standpunkt, Heft 10, Freiheit statt Sozialismus, Bonn 1990

13 Wolfram Engels, Soziale Marktwirtschaft als politische Ökonomie, Stuttgart 1976, S. 81

14 Der Mittelstand und der mittelständische Unternehmer..., a.a.O.

15 CDU/CSU-Fraktion im Deutschen Bundestag, Pressedienst, 13.2.1992

16 nach Aktiv WISO, 18.1.1992

17 Quelle: ZDH nach Welt am Sonntag, 15.3.1992; schriftliche Mitteilung des ZDH von April 1993

18 FAZ, 7.4.1992

19 MIT Standpunkt, Heft 13, Herausgeber: Mittelstandsvereinigung der CDU/CSU, Bonn Juni 1991

[20] Faltblatt „Mittelstand: Offensive 2000", Herausgeber MIT, Bonn 1991

[21] Gunnar Sohn, Schwierige Zeiten für die Marktwirtschaft; Criticón 126, Juli/August 1991, S. 177 f.

[22] Der Selbständige, November 1991

[23] Der Selbständige, Januar/Februar 1992

[24] Jürgen W. Möllemann, Die Bedeutung des Selbständigen in: Wirtschaft und Gesellschaft, Selbständigen-Jahrbuch 1991/92, Hrsg. BDS/DGV, Bonn 1991, S. 15 f.

[25] Selbständigen-Jahrbuch 1991/92, a. a. O., S. 154 ff.

[26] 100 Jahre Interessenvertretung für Selbständige, Denkschrift, Bonn 1991, S. 65 ff.

[27] Ebenda

[28] Ebenda

[29] Broschüre MIT Standpunkt, Heft 12, Leitgedanken einer Mittelstandspolitischen Grundsatzposition, Hrsg. Mittelstandsvereinigung der CDU/CSU, Bonn 1991, S. 12 ff.

[30] Heinrich Lummer MdB, Die Lage der Union und die deutsche Politik in den 90er Jahren, 14. Mai 1991, hektographiertes Manuskript

[31] Helmut Schoeck, Der Neid und die Gesellschaft (Herder-Taschenbuch), Freiburg/Breisgau 1974

[32] Helmut Schoeck, Ist Leistung unanständig? Nun auch noch: „Das Recht auf Faulheit", Asendorf 1988

[33] Andreae, v. Brauchitsch, Mohr, Thoma, Wieder solide werden, Herausforderungen an die Marktwirtschaft, Köln 1979

[34] Ernst Hinsken MdB, Der Einzelne und seine Leistung – Die Säule der Marktwirtschaft, in Bayernkurier-Report: „Der Mittelstand – Stärke durch Vielfalt", Bayernkurier, 30.5.1992

[35] Staatssekretär Albert Meyer, zitiert in Bayernkurier-Report „Der Mittelstand", a. a. O. S. 28

[36] Ernst Hinsken MdB, ebenda

[37] Jürgen Jeske, Unternehmer und Politik, in FAZ, 2.6.1992

38 Die Welt, 25.6.1992

39 Westdeutsche Zeitung, 7.10.1991

40 General-Anzeiger Bonn, 2.7.1992

41 Paul C. Martin, Zahlmeister Deutschland – So verschleudern sie unser Geld, München 1991, S. 232

42 Paul C. Martin, ebenda, S. 9

43 Die Welt, 2.7.1992, Leserbrief „Vorauseilend unterwürfig?"

44 Parteien und Politiker in der Bundesrepublik (alt) heute – Thesen zu einer strukturellen Erneuerung der politischen Führung; Hrsg. Wirtschaftsvereinigung der CDU NRW, Düsseldorf, o. J.

45 Welt am Sonntag, 26.4.1992

46 Erwin K. und Ute Scheuch, Cliquen, Klüngel und Karrieren, Reinbek bei Hamburg 1992, S. 74

47 Welt am Sonntag, 3.11.1985

48 Die Welt, 20.6.1992

49 Prof. Dr. jur Hans Herbert von Arnim, Ämterpatronage durch politische Parteien, Wiesbaden 1980

50 Ebenda, S. 65 ff.

51 Die Welt, 6.4.1992

52 Ebenda

53 Hans Herbert von Arnim, Die Partei, der Abgeordnete und das Geld, Mainz 1991, S. V f.

54 Ebenda, S. 132

55 Die Welt, 3.6.1992

56 FAZ, 11.4.1992, Leserbrief „Eine deutsche Brahmanen-Kaste"

57 Hans Herbert von Arnim, Die Partei, der Abgeordnete und das Geld, a. a. O., S. 78 f.

58 Ebenda, S. 366

59 Winfried Döbertin, Ohne Religion kann man nicht leben, Ullstein Sachbuch, Frankfurt/Main-Berlin, 1990, S. 155

60 Welt am Sonntag, 26.4.1992, „Der öffentliche Dienst wird zum Sprengsatz für die Haushalte"

61 Die Welt, 18.3.1992

62 Der Selbständige, November 1991

63 Creditreform 5/81, S. 10 f.

64 Kurt-Schumacher-Kreis e.V., Berlin, Mitteilung an die Presse, 17.3.1992

65 Helmut Schelsky, Der selbständige und der betreute Mensch – Politische Schriften und Kommentare, Stuttgart 1976

66 Walter Wittmann, Der Steuerstaat – Die Ausbeutung der Fleißigen, München 1986

67 Münchner Brief – Für den Selbständigen, 10.2.1992

68 General-Anzeiger Bonn, 29.1.1992, Wirtschaft klagt über zu hohe Steuern

69 MIT, Juli 1992, S. 6 f.

70 Münchner Brief, 10.1.1992

71 Ebenda

72 Eberhard Hamer, Bürokratieüberwälzung auf die Wirtschaft, Schriftenreihe des Mittelstandsinstituts Niedersachsen, Hannover 1979

73 Eberhard Hamer/Wolfgang Schierbaum, Personalzusatzkosten – der unsichtbare Lohn, Schriftenreihe des Mittelstandsinstituts Niedersachsen, Bonn 1991, S. 38 f.

74 Ebenda, S. 83

75 Ebenda, S. 52 f.

76 Institut der deutschen Wirtschaft, Köln, Argumente zu Unternehmensfragen, Nr. 3/1992

77 Edmund Hemmer, Auf 40.335 DM Lohn kamen 33.800 DM oben drauf, Arbeitgeber, 7/44 – 1992

78 Institut der deutschen Wirtschaft Köln, Argumente zu Unternehmensfragen, a. a. O.

79 Prof. Ernst Nolte in „Die Welt im Gespräch", DIE WELT, 10.8.1992

80 Parlamentskreis Mittelstand der CDU/CSU-Bundestagsfraktion, Bestandsaufnahme über die Lage der deutschen Wirtschaft Anfang 1992

81 Andreae, v. Brauchitsch, Mohr, Thoma, „Wieder solide werden!“ Herausforderungen an die Marktwirtschaft, Köln 1979, S. 109

82 MIT Standpunkt, Heft 14, Mittelstandsvereinigung der CDU/CSU, Bonn o. J.

83 Bund der Selbständigen/Deutscher Gewerbeverband e.V., 100 Jahre Interessenvertretung für Selbständige, Bonn o. J. (1991), S. 89 f.

84 FAZ, 7. März 1992

85 Pressedienst CDU/CSU-Bundestagsfraktion, 1.7.1992, ID 8264

86 Pressedienst CDU/CSU-Bundestagsfraktion, 2.7.1992, Artikel des Vorsitzenden der CDU/CSU-Bundestagsfraktion, Dr. Wolfgang Schäuble, für die Eßlinger Zeitung

87 Tagesdienst F.D.P. Bundestagsfraktion, Nr. 689, 30.6.1992

88 Dieter-Julius Cronenberg in einem Interview mit SAT 1-Frühstücksfernsehen, von Cronenberg veröffentlicht am 2.7.1992

89 Zentralverband des Deutschen Handwerks Presseinformation, ZDH aktuell, 26/92, 2.7.1992

90 BDS/DGV 100 Jahre Interessenvertretung für Selbständige, a.a.O. S. 94

91 zitiert nach MIT-Dokumentation, Die Pflegefall-Absicherung/Dokumentation und Positionsbestimmung der Mittelstandsvereinigung der CDU/CSU, Bonn, März 1992

92 Eva Riehm-Günther, Pflegeversicherung: Ein weiterer Schritt in den Wohlfahrtsstaat in: Orientierungen zur Wirtschafts- und Gesellschaftspolitik 48 (2/1991), S. 49 ff. Frau Riehm-Günther verweist auf die Schrift von Gustav Hartz, Irrwege der Deutschen Sozialpolitik und der Weg zur sozialen Freiheit, Berlin 1928

93 Hansjürgen Doss MdB, Die Pflegeversicherung und die Realität, in MIT 8/92, S. 11

94 Heinz Salowsky unter Mitarbeit von Josef Zipfel, Fehlzeiten – Eine Bilanz nach 20 Jahren Lohnfortzahlungsgesetz, Köln 1991

95 zitiert nach Salowsky/Zipfel, a. a. O. S. 44 f.

96 Ebenda, S. 104

[97] zitiert nach Der Selbständige, April 1992

[98] Siehe auch KND Kurz-Nachrichten-Dienstarbeitgeber, Nr. 47, 9.7.1992, Urlaubsverlängerung auf Krankenschein

[99] Prof. Dr. Eberhard Hamer, Die Umverteilungsspirale, in MIT 7/1992 (Juni 1992), S. 6 f.

[100] Der Präsident des deutschen Sparkassen- und Giroverbandes, Dr. Helmut Geiger, in einem Interview mit dem General-Anzeiger Bonn, 11.1.1992

[101] FAZ, 15.1.1992, General-Anzeiger Bonn, 15.1.1992

[102] FAZ, 24.1.1992, 500.000 Arbeitsplätze stehen auf dem Spiel – Die Vernunft spricht für eine Lohnerhöhung von nicht mehr als vier Prozent

[103] Die Welt, 16.3.1992, Prof. Dr. Wolf Schäfer: Löhne haben falschen Schrittmacher – Forderungen am Produktivitätszuwachs orientieren – „Lohnlücke" zeigt überhöhtes Niveau

[104] General-Anzeiger Bonn, 14.4.1992, Forschungsinstitute finden weitgehend Zustimmung

[105] Die Welt, 13.4.1992

[106] Unsere Zeit, 24.4.1992

[107] Die Welt, 27.4.1992, Interview mit Wolfgang Schäuble

[108] Die Kammer, Nr. 4/1992, Holzwege

[109] ZDH aktuell, Zentralverband des Deutschen Handwerks, Presse-Information, 29/92 16.7.1992

[110] Schriftliche und mündliche Mitteilungen des Verbandes der Lokalpresse/pro lokalzeitung e.V., Bonn, Mai 1993

[111] Prof. Dr. Winfried Pinger, Soziale und ökologische Marktwirtschaft, siehe Anm. 6

[112] Unternehmer Magazin 8/92, Jetzt privatisieren!

[113] Prof. Dr. Winfried Pinger, Immer noch nichts gelernt? Hektographiert, 1.10.1991

[114] DIE ZEIT, 22.5.1992

[115] FAZ, Magazin, Heft 634, 24.4.1992, Antreten und gewinnen – Friedhelm Gieske

[116] Orientierungen zur Wirtschafts- und Gesellschaftspolitik 50, (4/1991), S. 52 ff.

[117] Ebenda

[118] FAZ, 26.5.1992, Wolfgang Kartte: Offene Märkte sind wichtiger als ein Kartellamt

[119] Der Selbständige, Juni 1992

[120] Bund Deutscher Kriminalbeamter (BDK), Vereinigung Berliner Staatsanwälte (VBS), Tischvorlage zum gemeinsamen Pressegespräch der VBS und des BDK am 16.6.1992 in Berlin

[121] Presse- und Informationsamt der Bundesregierung, Bulletin Nr. 56, S. 525 ff., 29.5.1992

[122] Fotokopie des Vortragsmanuskriptes: Eike Bleibtreu, Vorsitzender des BDK: Organisierte Kriminalität – eine Bedrohung für Hamburg ?!; April 1992

[123] BDK Pressedienst, 5. 6. 1992

[124] Gemeinsame Tischvorlage der VBS und des BDK, 16.6.1992, a. a. O

[125] Dr. Rudolf Wassermann, Staatsziel Innere Sicherheit, in „der kriminalist", 2/92 (Februar 1992), S. 52

[126] Polizeiliche Kriminalstatistik für das Jahr 1991, Bulletin Nr. 56, a. a. O.

[127] der kriminalist, 6/92 (Juni 1992)

[128] FAZ, 5.6.1992, Grenzenlos staatenlos

[129] FAZ, 23.6.1992

[130] Dr. Ursula Braun-Moser, Pressemitteilung, Brüssel 15. April 1992, Durch Bevorzugung der „Kolonial-Banane" keine Benachteiligung der Entwicklungsländer

[131] Europäische Mittelstands-Union Präsidentin, Pressemitteilung, Bad Vilbel, 15.4.1992, Europa '93 nicht auf die Wirtschaft abladen

[132] Schweizerzeit, 15. 5. 1992, S. 3 f.

[133] Schweizerzeit, 17.7.1992, S. 2

[134] Die Welt, 11.7.1992, Berufswelt, Euro-Mitbestimmung – Palaver von 140 Millionen?

[135] Erneuerung und Abwehr, Mai 1992, nach idea

[136] Der Selbständige, Mai 1992, Interview mit Dr. Peter Gauweiler

[137] Vergl. iwd Nr. 14, 2.4.1992, S. 3

[138] Hans Tietmeyer, Die Europäische Wirtschafts- und Währungsunion – Eine deutsche Sicht, Hrsg. Ludwig-Erhard-Stiftung, Stuttgart 1992

[139] AKTIV Wirtschaftszeitung, 15. August 1992

[140] FAZ, 18.8.1992

[141] Criticón 132, Juli/August 1992, S. 165 ff.

[142] FAZ, 2.6.1992 Beilage „Deutsche Wirtschaft", Der Mittelstand ist gut gerüstet

[143] General-Anzeiger Bonn, 3.6.1992, Industrie warnt vor übermäßiger Reglementierung durch die EG

[144] General-Anzeiger Bonn, 23.6.1992, Außenhändler halten Binnenmarkt für Mogelpackung

[145] Die Kammer, Nr. 10/1991, S. 9

[146] Zu Problemen und Forderungen des Mittelstandes im europäischen Binnenmarkt siehe auch: Peter Helmes, Der Mittelstand und der mittelständische Unternehmer – Rolle und Herausforderung, Hrsg. Mittelstandsvereinigung der CDU/CSU, Bonn, o.J., hektographiert. Starker Mittelstand für Deutschland und Europa, MIT Standpunkt, Heft 14, Bonn, o.J., Mittelstand: Verantwortung für die Freiheit in Europa, MIT Standpunkt, Heft 15, Bonn 1992.

[147] Der Steuerzahler, August 1992, S. 128; Flugblatt des Bundesverbandes des Deutschen Güterfernverkehrs (DBF) e.V., Frankfurt/Main, „Europaverkehr(t) Deutschland muß zahlen!"

[148] Regierungserklärung des Bundeskanzlers vor dem Deutschen Bundestag, Bulletin Nr. 93, 14. Oktober 1982, S. 855

[149] Ebenda

[150] Ebenda, S. 856

[151] Ebenda, S. 857

[152] Ebenda

[153] Ebenda, S. 858

[154] Ebenda

[155] Ebenda, S. 866

[156] fdk-Ausgabe 151, 13. September 1982

[157] Mut statt Mißmut, Arbeitspapier von Otto Graf Lambsdorff, Bad Münstereifel, 19. August 1992, S. 1

[158] fdk-Ausgabe, a.a.O., S. 16

[159] Mut statt Mißmut, a.a.O., S. 16

[160] Der Steuerzahler, November 1992, S. 6 f.

Literatur

Andreae, von Brauchitsch, Mohr, Thomas: „Wieder solide werden!“ Herausforderungen an die Marktwirtschaft, Köln 1979

Arnim von, Hans Herbert: Die finanziellen Privilegien von Ministern in Deutschland, Wiesbaden 1992

Arnim von, Hans Herbert: Die Partei, der Abgeordnete und das Geld, Mainz 1991

Arnim von, Hans Herbert: Staatsverschuldung in der Bundesrepublik Deutschland, Wiesbaden 1986

Baader, Roland: Kreide für den Wolf. Die tödliche Illusion vom besiegten Sozialismus, Böblingen 1991

Bandulet, Bruno: Die Rückseite des Wunders. Die Tabus der Deutschen, München 1990

Biedenkopf, Kurt H.: Die neue Sicht der Dinge. Plädoyer für eine freiheitliche Wirtschafts- und Sozialordnung, München 1985

Böhr, Christoph (Hrsg.): Leben mit der Technik, Krefeld 1985

Borell, Rolf; Schemmel, Lothar: Steuern in Deutschland, Wiesbaden 1991

Czernin Graf, Rudolf: Wahrheit und Lüge. Eine Abrechnung mit dem Sozialismus, München 1991

Davidson, James D.: Die Quetsche. Der Niedergang des Mittelstandes, München 1982

Eick, Jürgen: Wie man eine Volkswirtschaft ruinieren kann. Die wirtschaftspolitischen Irrtümer unserer Tage, Frankfurt/Main 1974

Engels, Wolfram: Den Staat erneuern – den Markt retten, Köln 1983

Engels, Wolfram: Mehr Markt. Soziale Marktwirtschaft als politische Ökonomie, Stuttgart 1976

Erhard, Ludwig: Wohlstand für Alle, aktualisierte Neuausgabe, Düsseldorf 1990

Erhard, Ludwig; Müller-Armack, Alfred (Hrsg.): Soziale Marktwirtschaft, Frankfurt 1972

Fredersdorf, Hermann: Die Partei der Steuerzahler, Stuttgart 1978

Geißler, Heiner (Hrsg.): Verwaltete Bürger – Gesellschaft in Fesseln, Frankfurt/Berlin/Wien 1978

Groll, Klaus-Michael: In der Flut der Gesetze, Düsseldorf 1985

Gruher, Wolfram: Die große Denkverbiegung. Beobachtungen und Anmerkungen zur Mißachtung wirtschaftlicher und sozialer Funktionszusammenhänge, Köln 1987

Hamer, Eberhard: Das Mittelständische Unternehmen, Stuttgart 1987

Haubrichs, Willy: Die Verschwendung. Der Mißbrauch unserer Steuergelder, München 1979

Haubrichs, Willy: Der ausgebeutete Steuerzahler, Stuttgart 1978

Hayek von, Friedrich A.: Der Weg zur Knechtschaft, Neuausgabe, München 1991

Hayek von, Friedrich A.: Die Verfassung der Freiheit, Tübingen 1971

Helmes, Peter: Streitschrift zur mittelstandspolitischen Situation der CDU, Bonn 1993

Hornung, Klaus (Hrsg.): Mut zur Wende, Krefeld 1985

Klauder, Wolfgang: Ohne Fleiß kein Preis. Die Arbeitswelt der Zukunft, Osnabrück 1990

Lessenthin, Martin; Graw, Ansgar: Lothar Späth – Politik, Wirtschaft und die Rolle der Medien, Zürich/Wiesbaden 1991

Lohmar, Ulrich: Staatsbürokratie. Das hoheitliche Gewerbe, 2. Auflage, München 1978

Ludwig-Erhard-Stiftung (Hrsg.): Wirtschaftliche und soziale Ausgestaltung der deutschen Einheit, Krefeld 1993

Lummer, Heinrich: Standpunkte eines Konservativen, 2. Auflage, Krefeld 1989

Lutzius, Franz: Staatsgesellschaft der Unkündbaren, 4. Auflage, Essen 1992

Martin, Paul C.: Wann kommt der Staatsbankrott?, 7. Auflage, München 1983

Martin, Paul C.: Zahlmeister Deutschland. So verschleudern sie unser Geld, München 1991

Meilicke, Heinz: Das Bundesarbeitsgericht. Selbsternannter Sondergesetzgeber zu Lasten der Arbeitgeber, 2. Auflage, Bonn 1985

Merklein, Renate: Griff in die eigene Tasche. Hintergeht der Bonner Sozialstaat seine Bürger?, Hamburg 1980

Molitor, Bruno: Wirtschaftspolitik, 4. Auflage, München/Wien 1992

Richebächer, Kurt: Im Teufelskreis der Wirtschaftspolitik. Fiskalsozialismus verdrängt die Marktwirtschaft, 3. Auflage, Stuttgart 1980

Ritter, Gerhard A. (Hrsg.): Vom Wohlfahrtsausschuß zum Wohlfahrtsstaat, Köln 1973

Röpke, Wilhelm: Jenseits von Angebot und Nachfrage, 5. Auflage, Bern 1979

Rohrmoser, Günter: Das Debakel. Wo bleibt die Wende? Fragen an die CDU, Krefeld 1985

Rohrmoser, Günter: Ideologie-Zerfall. Nachruf auf die geistige Wende, Krefeld 1990

Rühle, Hans und Veen,Hans-Joachim (Hrsg.): Wachsende Staatshaushalte. Ein internationaler Vergleich der Ursachen, Folgen und Begrenzungsmöglichkeiten, Stuttgart 1979

Salowsky, Heinz unter Mitarbeit von Zipfel, Josef: Fehlzeiten – Eine Bilanz nach 20 Jahren Lohnfortzahlungsgesetz, Köln 1991

Schelsky, Helmut: Der selbständige und der betreute Mensch. Politische Schriften und Kommentare, Stuttgart-Degerloch 1976

Schemmel, Lothar: Steuerharmonisierung in der Europäischen Gemeinschaft, Wiesbaden 1989

Scheuch, Erwin K. und Scheuch, Ute: Cliquen, Klüngel und Karrieren. Über den Verfall der politischen Parteien. Eine Studie, Reinbek bei Hamburg 1992

Schoeck, Helmut: Der Neid und die Gesellschaft, 4. Auflage, Freiburg/Basel/Wien 1974

Schoeck, Helmut: Ist Leistung unanständig? Nun auch noch: „Das Recht auf Faulheit", Asendorf 1988

Soltwedel, Rüdiger: Mehr Markt am Arbeitsmarkt, München 1984

Streithofen, Heinrich Basilius: Ist die CDU noch zu retten? München 1993

Warnke, Rudolf: Rettet das Schlaraffenland, Böblingen 1992

Wissmann, Matthias (Hrsg.): Marktwirtschaft 2000, Krefeld 1983

Wittmann, Walter: Die neuen Ausbeuter, Stuttgart 1980
Wittmann, Walter: Der Steuerstaat. Die Ausbeutung der Fleißigen, München 1986
Wünsche, Horst Friedrich: Ludwig Erhards Gesellschafts- und Wirtschaftskonzeption. Soziale Marktwirtschaft als Politische Ökonomie, Stuttgart 1986
Zuber, Hubertus (Hrsg.): Schlankheitskur für den Staat, Stuttgart 1979